LES ÉGYPTIENS

Éditions du Sorbier

DoGi

Titre original
Gli Egizi.
Storia, società, religione

Texte original
Renzo Rossi
Illustrations
Sergio

ÉDITION ORIGINALE
Édition : Francesco Milo
Projet graphique : Sebastiano Ranchetti
Mise en pages : Katherine Carson Forden
Sebastiano Ranchetti
Iconographie : Katherine Carson Forden
© 1999 DoGi spa, Florence, Italie

ÉDITION FRANÇAISE
Le Sorbier, Paris

Réalisation
ML ÉDITIONS, Paris
Traduction : Marine Bellanger
et François Poncioni

© 2000 Le Sorbier, Paris
ISBN 2-7320-3657-9

Imprimé en Italie en 2000

Sommaire

LA DÉCOUVERTE DU PASSÉ

L'Égypte des pharaons, avec ses trois mille ans d'histoire, ses colosses de pierre, son culte original des morts, sa stabilité politique, l'organisation de sa société, fascine depuis toujours les archéologues, les aventuriers et les voyageurs.

Au XXᵉ siècle, c'est le cinéma qui célèbre les splendeurs de l'Égypte ancienne. Des années 1930 à nos jours, les momies, les pyramides et leurs mystères ont inspiré bien des films. Outre qu'elle est un sujet d'étude pour les savants, la civilisation égyptienne donne lieu à de nombreuses publications de vulgarisation et sert de trame historique à une très vaste littérature qui connaît parfois de grands succès. Tout cela constitue ce que l'on appelle

l'égyptomanie : une mode apparue déjà dans l'Antiquité, chez les Romains dont les empereurs faisaient transporter d'Égypte les obélisques anciens. Vers la fin du XVIIIᵉ siècle, les égyptologues, archéologues et histo-

LE CHARME DE L'ÉGYPTE
Au cours de la dernière décennie, des millions de touristes se sont rendus chaque année en Égypte. Les collections égyptiennes des musées renommées dans le monde entier sont au nombre de cent cinquante environ. L'égyptologie moderne est enseignée dans les universités, et l'égyptomanie se répand toujours plus, tant par le cinéma que par la littérature.

riens de l'Antiquité apportent une contribution essentielle à la connaissance de cette civilisation lointaine. En 1799, lors de l'expédition de Bonaparte en Égypte, une stèle portant une longue inscription en trois langues, dont le grec, est retrouvée à Rosette, près d'Alexandrie. L'intérêt et la curiosité pour cette découverte sont énormes. À partir de ce moment, il devient en effet possible de déchiffrer les hiéroglyphes, l'écriture des anciens Égyptiens. Ainsi resurgit un monde pratiquement disparu au IVᵉ siècle de notre ère.

En 380, l'empereur romain Théodose avait ordonné la fermeture de tous les temples non chrétiens de l'Empire. L'écriture hiéroglyphique avait été rapidement abandonnée

et, plus tard, n'était plus comprise. Cependant demeuraient les descriptions laissées, à l'époque classique, par les historiens et voyageurs grecs ou romains. Il existait, en particulier, un compte-rendu du voyage en Égypte, en 450 av. J.-C., de l'historien Hérodote.

D'autres récits lui avaient fait suite : par exemple, celui de Strabon, citoyen romain, écrit en grec après son voyage, en l'an 30 de notre ère, dans une Égypte désormais sous la domination romaine ; ou encore celui de l'historien grec Plutarque (46-125), qui fait état de l'un des cultes les plus connus de l'Égypte ancienne, celui d'Isis et d'Osiris. Dans l'Antiquité, l'Égypte était encore visitée et décrite.

Puis, à partir du IVe siècle, l'engouement connaît une sorte d'éclipse. En 641, avec l'arrivée des Arabes, l'Égypte devient musulmane, et les inscriptions hiéroglyphiques ne sont bientôt plus comprises. Les voyageurs du bas Moyen Âge (XIe-XVe siècle) et de la Renaissance (XVIe siècle) ne visitent guère que la zone la plus proche des rivages méditerranéens, qui n'est d'ailleurs qu'une étape vers les lieux saints de Palestine. Un certain intérêt demeure cependant,

Le Grec Hérodote (485-425 av. J.-C.), surnommé le Père de l'histoire, est l'un des premiers voyageurs qui aient décrit l'Égypte. Son récit est attrayant mais peu objectif, car il se fonde sur les traditions transmises par les prêtres ou sur les dires souvent fantaisistes des récits de voyage de l'époque.

La découverte fondamentale de la pierre de Rosette a été effectuée par des soldats français en 1799, lors de la campagne de Bonaparte en Égypte.

P T O L M Y S

ΠΤΟΛΕΜΑΙΟΣ

P T O L E M A I O S

Champollion a procédé par comparaison. Ayant repéré le nom de Ptolémée dans le texte grec gravé sur la pierre, il a pu identifier le cartouche (boucle contenant un nom propre) correspondant dans le texte en hiéroglyphes, et, à partir de là, trouver la « clef » de l'écriture égyptienne.

LA PIERRE DE ROSETTE reproduit un décret de Ptolémée V, de 196 av. J.-C., gravé en trois écritures : hiéroglyphique, démotique et grecque. La dernière, étant bien connue, a permis par comparaison de déchiffrer les hiéroglyphes.

parce que l'Égypte est mentionnée dans l'Ancien Testament, et que son histoire est liée à celle des Hébreux à partir du IIe millénaire avant notre ère.

Aux XVIIe et XVIIIe siècles, ce sont surtout les missionnaires catholiques qui se rendent en Égypte et la décrivent. Les voyageurs ne manquent toutefois pas, comme le baron français Vivant Denon (1747-1825), qui visite le pays à la suite de l'expédition de Bonaparte. Il rapporte en France de nombreux objets égyptiens et écrit un traité accompagné de dessins, qui connaît un grand succès dans toute l'Europe. Cet ouvrage contribue largement à favoriser la naissante passion pour l'Égypte, qui se concrétise dans une œuvre monumentale, la *Description de l'Égypte,* en vingt-quatre volumes, publiée en 1813.

En 1822, le Français Jean-François Champollion (1790-1832) déchiffre l'écriture hiéroglyphique. Les mystérieuses inscriptions peuvent dès lors être traduites, et l'égyptologie (ou science de l'Égypte) s'affirme définitivement.

À partir de là, l'Égypte est étudiée, et aussi saccagée : des œuvres magnifiques sont transportées en Europe pour être examinées et exposées dans les musées les plus importants. Le Français Auguste Mariette (1821-1881) parvient à mettre un frein à la fuite des œuvres d'art et, en favorisant des campagnes de recherches et de fouilles, fonde au Caire un musée entièrement consacré à l'Égypte.

En 1922, la découverte de la tombe du pharaon Toutankhamon par les Anglais Howard Carter et George Carnavon est certainement l'une des trouvailles les plus célèbres et les plus spectaculaires de l'archéologie du XXe siècle.

LES ORIGINES

Les caractéristiques de la civilisation égyptienne se dégagent à partir de la fin du IVe millénaire avant notre ère. La langue, l'écriture, la religion se forment et se fixent sur une très longue période dans le nord-est de l'Afrique.

Les peuples qui s'approprieront, comme on le verra, la vallée du Nil et donneront naissance à la civilisation égyptienne appartenaient à une ethnie nord-africaine à laquelle s'étaient mêlées, avec le temps, des populations venues d'Asie.

Voici 9 000 ou 8 000 ans, à la fin de la dernière glaciation, la partie nord de l'Afrique centrale avait un aspect très différent de celui qu'elle a de nos jours. À l'emplacement de l'actuel désert du Sahara s'étendait une immense savane herbeuse. Grâce à la présence de fleuves et de lacs prospéraient la végétation (pal-miers, pins, oliviers) et les animaux (crocodiles, hippopotames, antilopes et de grandes variétés de poissons), ainsi que l'attestent de nombreuses inscriptions rupestres. C'était donc un lieu idéal pour une implantation humaine. Après la glaciation, l'hémisphère boréal connaît une brève période de pluies qui rapidement se raréfient. Il s'effectue alors une transformation décisive : de chasseurs-cueilleurs, les hommes deviennent éleveurs et cultivateurs. Lorsque, vers le milieu du IVe millénaire, l'humidité disparaît presque complètement, l'Afrique du Nord

Aux Xe et IXe millénaires, dans le « Sahara vert », des peuples négroïdes vivent de la chasse au gros gibier, de la pêche et de la cueillette.

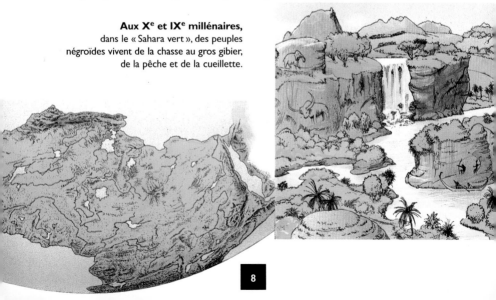

Au milieu du IVᵉ millénaire, le Sahara est devenu presque complètement aride. Sur quelques zones humides paissent de maigres troupeaux.

À la fin du IVᵉ millénaire, le Sahara est désormais un désert inadapté à la vie humaine. Ses populations se sont déplacées vers la plaine alluviale du Nil.

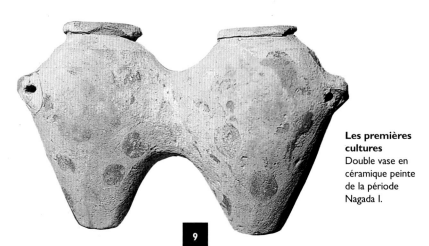

Les premières cultures
Double vase en céramique peinte de la période Nagada I.

devient aride, et ses populations se déplacent vers la vallée alluviale du Nil et les zones de dépression, comme le Fayoum, qui retiennent les eaux des inondations périodiques du fleuve.

Les premiers habitants

La mise en culture de la vallée du Nil a exigé l'union des efforts de communautés plus nombreuses et mieux organisées que les groupes humains précédents. Sous l'autorité du centre agricole le plus important, de petites communautés politiques se constituent et un chef commence à s'affirmer, ce qui prélude à l'apparition d'un roi. Le récit oral et la mémoire ne suffisent plus pour recueillir et transmettre les informations nécessaires à l'organisation du groupe, dont les composantes sont alors fixées de façon visible et durable grâce à la technique de l'écriture. Dans la vallée du Nil se développent les premières cultures : Nagada I (4000-3500), avec des établissements urbains en Haute-Égypte, et Nagada II (3500-3300), qui s'étend jusqu'au Delta.

Les deux royaumes

Vivre le long du Nil a demandé un effort collectif constant, impossible sans un pouvoir central qui règle et protège la vie associative du territoire, et serve d'intermédiaire avec la divinité, à qui l'on admet que l'on doit tout. Ainsi se forment les bases de la civilisation pharaonique, dont le début demeure encore obscur. Les premières unités territoriales s'affrontent ; il y a des annexions et des unions, toujours plus étendues, jusqu'à ce que, vers 3200, durant la période dite

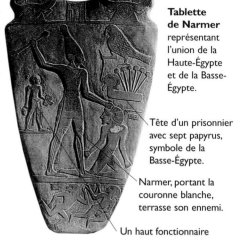

Tablette de Narmer représentant l'union de la Haute-Égypte et de la Basse-Égypte.

Tête d'un prisonnier avec sept papyrus, symbole de la Basse-Égypte.

Narmer, portant la couronne blanche, terrasse son ennemi.

Un haut fonctionnaire met ses sandales au roi.

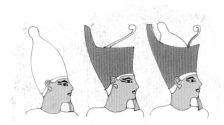

Les deux couronnes,
la blanche du Sud et
la rouge du Nord, sont
réunies par Narmer en
une troisième, qui symbolise
l'unification de l'Égypte.

**La stèle
du roi-Serpent,**
datant de la
Ire dynastie, montre
le dieu faucon Horus
juché sur un cartouche
avec le nom du roi
(représenté par
un serpent) et
la façade *(serekh)*
du palais royal.

Le roi-Scorpion,
coiffé de la couronne
blanche, procède à
l'ouverture rituelle d'un
canal. Il a en main une
pioche, et l'on voit devant
lui un porteur de terre
avec son panier.

prédynastique, l'Égypte ne soit plus partagée qu'en deux États. Le premier comprend le Delta (Basse-Égypte, ou Égypte du Nord), et l'autre, la vallée en amont (Haute-Égypte). Le processus d'unification parvient à son terme vers 3000, lorsque le roi de Haute-Égypte – que les Grecs ont nommé Ménès et les sources archéologiques Narmer – s'empare du Delta. Il ouvre la première des trente dynasties qui vont gouverner l'Égype jusqu'à Alexandre le Grand, au IVe siècle av. J.-C. L'unité établie, les souverains de l'époque archaïque (Période protodynastique : Ire et IIe dynastie) veulent instaurer dans le pays l'ordre et la justice, personnifiés par la déesse Maât. Atteindre la paix, la sagesse, la vérité, la science, l'harmonie : telle est la « règle » qui dicte chaque acte du pharaon ; son lien permanent avec Maât est le fondement de l'équilibre de l'ancienne Égypte.

LE PAYS DU NIL

Les pluies sont très rares en Égypte. C'est le Nil, par ses inondations, qui fertilise la terre de ses rives et joue un rôle bienfaisant. Seul un travail soutenu et bien organisé permet une riche activité agricole, fondement de la civilisation égyptienne.

À Khartoum, au Soudan, confluent les eaux du Nil Blanc, issues des grands lacs équatoriaux, et celles du Nil Bleu, nourri des pluies tombées sur le lointain haut plateau éthiopien. Leur conjonction a provoqué, jusqu'au XIXe siècle, la crue périodique et l'inondation. Après avoir reçu l'Atbara, le Nil effectue une vaste boucle dans les steppes arides de la Nubie et, par une série de six cataractes, dont la dernière – nommée par les Égyptiens la 1re, car ils remontaient le Nil – est située près d'Assouan, s'introduit à travers les déserts dans une longue vallée étroite où il s'écoule paresseusement vers la Méditerranée. Il ne reçoit pas d'autres affluents dans tout son cours. Un défluent, le Bahr Youssouf, se détache du lit principal près d'Assiout et coule, sur sa gauche, jusqu'à la dépression du Fayoum, où il se répand et disparaît. Au nord du Caire commence le Delta, limité à l'ouest par le bras de Rosette et, à l'est, par celui de Damiette.

Hier comme aujourd'hui, le fleuve, les palmiers et les champs, la nécropole, le village sur fond de désert : tel est le paysage de l'Égypte de toujours.

LE NIL

Sa longueur

atteint 6 600 km, dont 1 200 en Égypte. Le bassin entier du fleuve – appartenant aujourd'hui à neuf États – couvre 3 millions de km^2 (soit environ cinq fois la superficie de la France).

Sa largeur,

plus étroite et plus encaissée dans la région nubienne, est en moyenne de 900 m dans la vallée égyptienne.

Le Delta

a la forme d'un triangle équilatéral de 190 km de côté. Les branches principales du fleuve sont au nombre de cinq.

Le fond

se surélève d'environ 10 à 15 cm par siècle.

Le climat

de l'Égypte est aride, avec de forts écarts de températures dans la journée et dans l'année. Assouan est l'un des points les plus chauds de la planète.

Les 6 cataractes

sont des dénivellations formant des rapides.

Lors de la crue

estivale, le niveau du fleuve s'élève de 7 m à Assouan et de 4 m au Caire.

Fleur de lotus

Le Delta du Nil a été comparé à une fleur de lotus, le Fayoum étant une feuille qui s'éloigne de la tige. L'image est confirmée par une vue prise d'un satellite.

La bonne terre

se réduit à une bande qui borde les rives du Nil, où les champs sont cultivés.

Le désert libyen,

vaste et plat, n'est interrompu que rarement par la verdure des oasis.

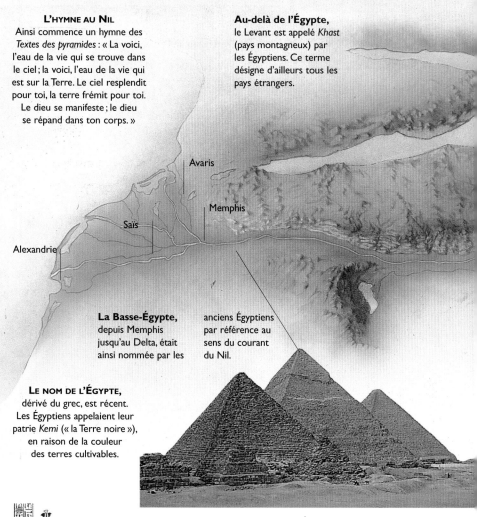

L'HYMNE AU NIL

Ainsi commence un hymne des *Textes des pyramides* : « La voici, l'eau de la vie qui se trouve dans le ciel ; la voici, l'eau de la vie qui est sur la Terre. Le ciel resplendit pour toi, la terre frémit pour toi. Le dieu se manifeste ; le dieu se répand dans ton corps. »

Au-delà de l'Égypte,

le Levant est appelé *Khast* (pays montagneux) par les Égyptiens. Ce terme désigne d'ailleurs tous les pays étrangers.

Avaris

Memphis

Saïs

Alexandrie

La Basse-Égypte,

depuis Memphis jusqu'au Delta, était ainsi nommée par les anciens Égyptiens par référence au sens du courant du Nil.

LE NOM DE L'ÉGYPTE,

dérivé du grec, est récent. Les Égyptiens appelaient leur patrie *Kemi* (« la Terre noire »), en raison de la couleur des terres cultivables.

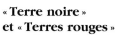

« Terre noire » et « Terres rouges »

La vallée et le Delta du Nil forment une zone plate de 34 000 km² (soit environ la superficie de la Belgique), que les anciens Égyptiens ont appelée « Terre noire » *(Kemi)* en raison de la couleur du sol, due au limon déposé par les inondations ; c'est à lui que la région doit son extraordinaire fertilité. Le Delta est une belle et riche plaine en forme de triangle. Il est parcouru par de nombreux bras du fleuve, qui coulent vers la côte basse et régulière de la Méditerranée. Au sud du Delta s'étire la vallée fertile, large d'environ 20 km dans la partie située entre Le Caire (ancienne Memphis) et Louxor

LA MER
est considérée comme secondaire par les Égyptiens, du moins pendant plusieurs siècles. La mer Rouge et la Méditerranée sont désignées par l'appellation « le grand vert ».

Tanis

Thèbes

La Haute-Égypte
est la partie de la vallée comprise entre Memphis et la 1re cataracte, près d'Assouan.

2e cararacte
Abou-Simbel

Les capitales successives de l'Égypte ont été : Tanis (début de l'Ancien Empire), Memphis (Ancien Empire), Thèbes (Moyen et Nouvel Empire), Avaris (sous les Hyksos), Saïs (plus tard), Alexandrie (fondée par Alexandre le Grand et devenue capitale après la fin de l'époque pharaonique) et, de nos jours, Le Caire.

(Thèbes) et d'à peine 5 km entre cette dernière et Assouan.

Les pentes des hauts plateaux délimitant la vallée s'élèvent brusquement jusqu'à 200 à 300 m de hauteur.

Au-delà de cette zone s'étendent les « Terres rouges » des déserts libyen et arabique. Le premier, à l'occident, est surtout plat et ouvert, avec une suite d'oasis situées plus ou moins parallèlement au cours du Nil. Le second constitue un haut plateau parcouru par les lits profonds d'anciens fleuves aujourd'hui à sec (oueds), où la vie a peu de possibilités de se développer, bien que la région soit riche en ressources naturelles : gisements d'or, de cuivre, d'étain et de pierres précieuses.

Le «don du Nil»

Le pays entier ne serait qu'un désert, c'est-à-dire une « Terre rouge », si le Nil n'en faisait une très longue oasis.

Grâce au grand fleuve, l'activité agricole y a toujours exercé une prédominance absolue, et la vallée apparaissait jadis comme une unique et grande ferme. En effet, les économies des deux Égyptes étaient intégrées, car il était de l'intérêt de leurs habitants de s'organiser en une seule et grande communauté, s'étendant d'Assouan à la Méditerranée. Le but principal était de mieux exploiter les crues par des travaux hydrauliques. Par ailleurs, il était plus facile, en accroissant les ressources alimentaires, de faire face au manque d'eau d'une année à l'autre. En outre, certaines matières premières présentes au nord étaient nécessaires au sud, et vice versa. Tout le pays était alors riche d'une flore spontanée (papyrus, lotus, roseau, acacia) auprès de laquelle l'homme cultivait avec profit le blé, l'orge, le lin, des légumes variés et la vigne. La faune, abondante, dépendait également du Nil : en premier lieu, l'hippopotame et le crocodile, bien sûr, mais aussi les antilopes et les gazelles, les oiseaux de marais (vanneaux, hérons, grues) et de nombreuses variétés de poissons.

C'est à cause de cette richesse que l'historien grec Hérodote a fort judicieusement qualifié l'Égypte de «don du Nil », puisque, en effet, rien n'aurait été possible sans la grande inondation périodique du fleuve, que les dieux bienveillants accordaient au pays avec la régularité d'un prodige naturel.

LE PAYS DE L'ABONDANCE
Le travail des hommes, qui honore les dieux et qui, grâce au Nil, rend la terre productive, est représenté sur le mur peint de la tombe de Senne Djem, intendant de la nécropole (lieu destiné à la sépulture des morts) de Thèbes (1300 av. J.-C.).

L'inondation

Lorsque, vers le 16 juillet, l'étoile Sothis (Sirius) apparaissait, basse sur l'horizon oriental, les paysans égyptiens savaient que la grande crue annuelle était proche, et ils l'attendaient avec espoir. Il ne s'agissait pas pour eux d'une calamité, mais d'une bénédiction divine, car, en débordant et en inondant les terres voisines, le dieu Apis, personnification du fleuve, déposait une boue riche en substance fertilisante, le limon.

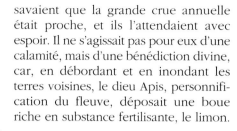

La main-d'œuvre agricole
locale ne suffit pas à assurer complètement la moisson. Aussi des équipes de paysans se déplacent-elles du sud (où le grain mûrit plus tôt) vers le nord, apportant aux villages la main-d'œuvre nécessaire.

Les arbres
de haute futaie fournissant du bois de construction manquent en Égypte, ainsi que l'olivier, dont l'huile est supérieure à celle du ricin. Abondants et bien soignés, on trouve des palmiers aux larges feuilles utilisées pour fabriquer des nattes, et le palmier dattier, le caroubier, le figuier, le tamaris et le sycomore (figuier sauvage).

C'est cependant l'importance de la crue qui inquiétait les paysans. Si les eaux montaient avec violence, elles rompaient les digues et ravageaient les champs. Mais si, au contraire, l'inondation était peu importante, la sécheresse pouvait réduire la population à la famine. Il fallait donc contrôler et prévenir le plein des eaux par l'élévation de butées de terre et la construction de digues, et alimenter en eau des bassins afin d'irriguer les champs toute l'année. Environ un mois plus tard, quand la terre était saturée d'eau, on faisait s'écouler l'eau dans des bassins en contrebas, puis on faisait se déverser l'excédent dans le Nil. Un réseau efficace de canaux irriguait les terrains éloignés du fleuve, que les eaux de la crue n'atteignaient pas.

Des équipes de paysans sont mises à la disposition de l'ingénieur hydraulicien de l'État, chargé des travaux d'irrigation.

Un bassin artificiel est construit pour retenir les eaux de la crue imminente : une large levée de terre carrée est élevée, munie de portes. Une fois le bassin rempli, on laissera l'eau s'échapper et le limon fertilisera le sol entouré de murets.

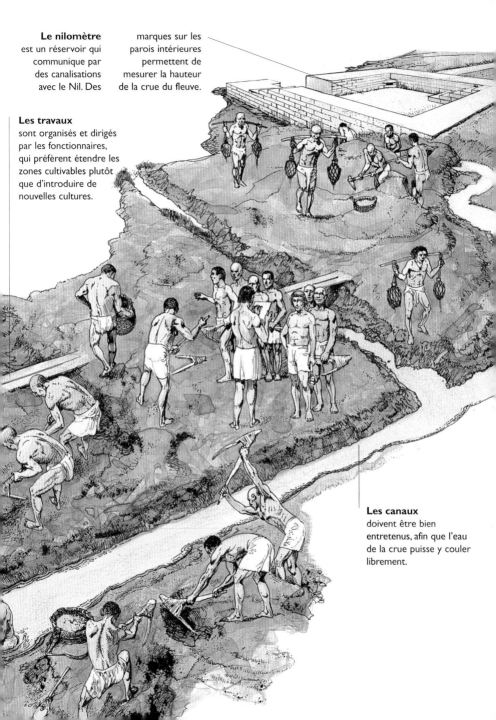

Le nilomètre est un réservoir qui communique par des canalisations avec le Nil. Des marques sur les parois intérieures permettent de mesurer la hauteur de la crue du fleuve.

Les travaux sont organisés et dirigés par les fonctionnaires, qui préfèrent étendre les zones cultivables plutôt que d'introduire de nouvelles cultures.

Les canaux doivent être bien entretenus, afin que l'eau de la crue puisse y couler librement.

Les trois saisons

La coïncidence entre le moment où l'éclat blanc-bleu de Sirius devient visible et le début de l'inondation a été observée dès une époque très reculée. Il est cependant curieux que les Égyptiens, bien que sachant observer les rythmes réguliers des crues, n'aient pas su en donner une explication convaincante. Ils se sont limités à une interprétation mytho-logique du phénomène, selon laquelle l'étoile Sirius est une manifestation de la déesse Isis, qui provoque la crue par ses larmes, versées après la mort tragique de son mari Osiris – le créateur de l'agri-culture –, victime de la jalousie de son frère Seth.

Le dieu Apis, personnification du Nil, est souvent représenté sous la forme d'un taureau. Il apporte des vases d'eau et des fleurs, symboles de prospérité pour la terre d'Égypte.

L'inondation marquait, aussi pour les anciens Égyp-tiens, le Nouvel An. Une année était divisée en trois saisons de quatre mois, saisons liées au cycle du Nil : *Akhet* ou l'inondation, *Pert,* la décrue, et *Shémou,* la période de sécheresse.

La vie des champs : Akhet

La saison d'Akhet débute en juillet et se prolonge jusqu'après la fin de l'au-tomne. Pendant l'inondation, le travail cesse dans les champs, mais les paysans ne demeurent cependant pas oisifs. Ils entretiennent et débarrassent canaux et fossés des détritus qui les obstruent, renforcent les levées de terre et éven-

Akhet, l'inondation, dure du 19 juillet à la mi-novembre.

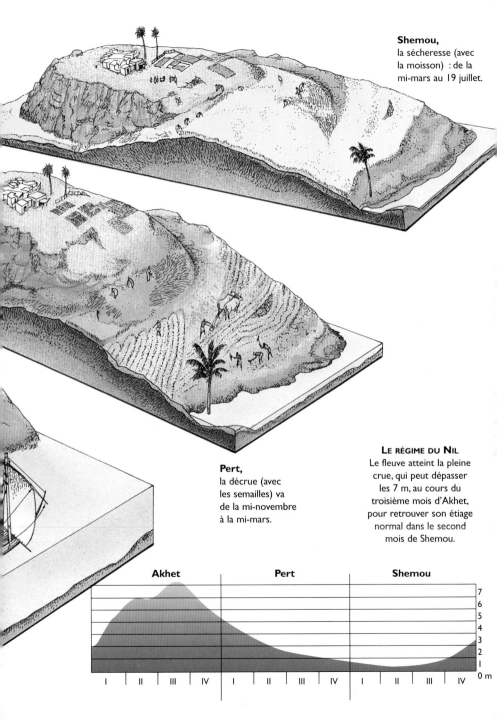

Shemou,
la sécheresse (avec la moisson) : de la mi-mars au 19 juillet.

Pert,
la décrue (avec les semailles) va de la mi-novembre à la mi-mars.

LE RÉGIME DU NIL
Le fleuve atteint la pleine crue, qui peut dépasser les 7 m, au cours du troisième mois d'Akhet, pour retrouver son étiage normal dans le second mois de Shemou.

Akhet | Pert | Shemou

I II III IV | I II III IV | I II III IV

7
6
5
4
3
2
1
0 m

tuellement agrandissent les bassins de retenue, réparent ou remplacent les clôtures, etc. Du reste, ces travaux font partie des obligations civiques de chaque paysan. Lorsque les terres cultivées sont complètement recouvertes par les eaux et que le bétail a été mis à l'abri en des lieux plus élevés, nombreux sont les agriculteurs qui s'improvisent pêcheurs ou chasseurs. En effet, l'inondation crée des plans d'eau stagnante riche en matières organiques où le poisson devient vite abondant, tandis que les oiseaux des marais nidifient en nombre le long des rives.

Les barques de papyrus, maniables et légères, sont employées pour la pêche et la chasse au harpon, même pour de grosses prises comme l'hippopotame.

La chasse dans la cannaie se pratique au filet ou avec des pièges, mais aussi à l'arc et au bâton de lancer, une sorte de boomerang de bois lourd.

Le filet, traîné par les embarcations dans les eaux basses, est hissé à la force des bras par une équipe de pêcheurs. Les nasses n'exigent pas un travail collectif, mais ne permettent de capturer que peu de poisson à la fois.

Au village, les femmes salent le gibier et mettent le poisson à sécher.

La réparation des filets, des harpons et des armes est effectuée par les hommes âgés ou trop faibles pour aller à la chasse et à la pêche.

CHASSE ET PÊCHE SUR LE NIL
Dans et près du fleuve, l'abondance de poissons, d'hippopotames et d'oiseaux de passage dans la cannaie permet une pêche quasi miraculeuse et une bonne chasse.

Pert

Quand, à la mi-novembre, les eaux du Nil se retirent progressivement après l'inondation, commence la saison de Pert, qui correspond aux mois les plus froids de l'année.

Il faut alors entreprendre immédiatement les labours et les semailles, car le limon déposé sur le terrain par la crue sèche rapidement sous les rayons du soleil et forme une croûte dure qui doit souvent être rompue à la pioche ou avec des bâtons. Dans les champs les plus proches du Nil, de durs travaux préparatoires ne sont pas nécessaires ; il suffit d'y conduire des troupeaux : les sabots des animaux rompent les mottes et enfoncent les semis dans le sol.

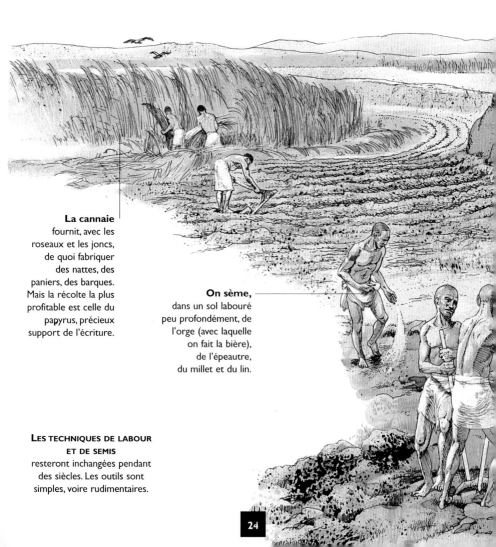

La cannaie
fournit, avec les roseaux et les joncs, de quoi fabriquer des nattes, des paniers, des barques. Mais la récolte la plus profitable est celle du papyrus, précieux support de l'écriture.

On sème,
dans un sol labouré peu profondément, de l'orge (avec laquelle on fait la bière), de l'épeautre, du millet et du lin.

LES TECHNIQUES DE LABOUR ET DE SEMIS
resteront inchangées pendant des siècles. Les outils sont simples, voire rudimentaires.

24

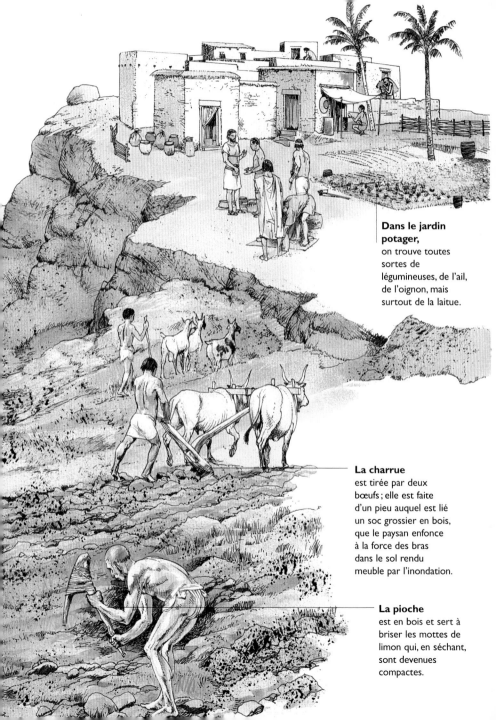

Dans le jardin potager, on trouve toutes sortes de légumineuses, de l'ail, de l'oignon, mais surtout de la laitue.

La charrue est tirée par deux bœufs ; elle est faite d'un pieu auquel est lié un soc grossier en bois, que le paysan enfonce à la force des bras dans le sol rendu meuble par l'inondation.

La pioche est en bois et sert à briser les mottes de limon qui, en séchant, sont devenues compactes.

Au fur et à mesure qu'avance la saison de Pert, les champs ensemencés doivent être à nouveau irrigués. Des soins particuliers sont apportés aux jardins, tandis que l'on prépare la récolte des dattes venues à maturité sur les palmiers et que l'on coupe les papyrus et les cannes dans les marais asséchés.

Shemou

Les travaux des champs deviennent plus intenses avec la venue de la dernière saison de l'année : Shemou. Il est alors temps de recueillir les fruits de longues fatigues, avant la crue suivante. En mars, on procède à la coupe des tiges de lin, puis, au début de l'été, c'est le tour de la vigne et du blé qui, dans la Haute-

LA RÉCOLTE commence dans les régions de la Haute-Égypte et de la Moyenne-Égypte, où la maturation est plus précoce, et se poursuit dans le Delta. Entrecoupée de kermesses et de fêtes votives, elle dure plusieurs semaines.

Les animaux domestiques (les bœufs, les canards et les oies) sont menés paître dans les champs après la récolte.

Les glaneuses ramassent les épis tombés à terre, afin que rien ne soit perdu de la moisson.

Sur l'aire de battage,
bœufs et ânes piétinent
les épis pour en détacher
les grains, que les hommes
lancent ensuite en l'air avec
une courte palette de bois
pour en éliminer la balle
(enveloppe).

Les moissonneurs
coupent le blé à hauteur
du genou avec une faux
de bois garnie d'éclats
de silex. Les gerbes sont
ensuite transportées dans
de grands paniers jusque
sur l'aire de battage.

L'équipage
d'un navire de moyen tonnage compte en général dix rameurs, deux timoniers et un commandant. Le bateau est très rapide et sert de courrier et de porteur d'ordres, mais il embarque aussi des marchandises de valeur peu encombrantes.

LA GRANDE VOIE
Tout le long du cours du Nil, des points d'abordage sont installés au débouché ou au croisement des routes caravanières. C'est le village le plus proche qui assure l'entretien et la sécurité des installations.

Égypte et la partie centrale de la vallée du Nil, arrivent à maturation presque en même temps. Des équipes de paysans, y compris femmes et enfants, se déplacent d'une ferme à l'autre pour vendanger et fouler le raisin, moissonner le blé, le battre et l'emmagasiner dans de grands silos, sous la surveillance vigilante des fonctionnaires du pharaon et des scribes qui notent tout sur des tablettes d'argile.

La navigation sur le Nil

Le Nil est également une grande voie de communication, en vérité la seule vraiment utile dans un territoire tout entier développé en longueur et enserré entre des hauts plateaux désertiques. Même

pendant la saison sèche de Shemou, le cours d'eau demeure facilement navigable, à condition d'observer attentivement les bancs de sable affleurant de temps à autre à la surface. Pour descendre vers le Delta, il suffit de se confier au courant, lent ou rapide suivant les périodes, mais toujours assez sûr. Pour augmenter sa poussée, on utilise rames et pagaies. Quand on veut, au contraire, remonter à contre-courant, on hisse la voile, que les vents constants venant de la Méditerranée gonflent sur un long parcours. Le long du Nil, principale « route » de l'Égypte, s'effectue un intense trafic commercial, surtout dans le Delta, qui met en communication la vallée avec les ports de la Méditerranée.

L'Ancien Empire : l'État

Les cinq cents ans que dure l'Ancien Empire constituent l'âge d'or de l'ancienne Égypte. Les institutions politiques et sociales prennent leur forme définitive, à laquelle les Égyptiens demeureront fidèles pendant plus de vingt siècles.

Avec l'avènement de la IIIe dynastie prend fin la période protodynastique et commence celle de l'Ancien Empire (2700-2200), premier sommet de la civilisation égyptienne, qui se prolonge jusqu'à la fin de la VIe dynastie.

Dès le début de cette époque apparaissent déjà consolidées certaines évolutions issues de l'œuvre harmonique de Maât, qui a fait naître le monde du chaos et l'a rendu habitable aux hommes. La gestion de l'État devient ordonnée et fonctionnelle, avec un gouvernement ministériel dirigé par un vizir (terme non égyptien, mais consacré par l'usage). Les mêmes organismes de l'État dirigent les

La chronologie
La pierre dite de Palerme porte, gravés sur plusieurs colonnes, les noms des rois de l'Ancien Empire. Le décompte des années recommence à chaque pharaon ; ainsi, la datation d'un événement est-elle indiquée comme « l'an X du pharaon Y ».

Le pharaon Pépi Ier (IVe dynastie) fait creuser un canal sur la cataracte d'Assouan, afin de permettre aux navires qui remontent le fleuve vers le pays de Koush (la Nubie) de la franchir aisément.

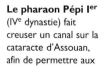

 anciennes divisions territoriales transformées en provinces et pourvues de gouverneurs. On effectue des recensements de population et des relevés réguliers du niveau du Nil. L'écriture devient alphabétique, de façon à constituer un moyen plus adapté d'enregistrement des informations, conjugué à la numération décimale. Les arts figuratifs atteignent un haut niveau ; les lettres et les sciences se développent, ainsi qu'une médecine empirique (fondée sur l'expérience et l'observation). On voit surtout se renforcer l'idée du divin, qui s'exprime en termes d'omnipotence, d'omniscience, d'infini, d'éternité et de bonté.

La période memphite

Pendant la période protodynastique, les souverains ont régné à Tanis, en Haute-Égypte. À partir de la IIIe dynastie, la capitale est transférée à Memphis, dans le Nord, cité fortifiée qui s'étend autour d'un ancien palais blanc. C'est un important centre religieux, mais non le principal : dans la même région, Héliopolis s'affirme comme tel, tandis que Saqqarah et Gizeh sont les lieux de sépulture choisis par les pharaons et par de hautes personnalités.

Politiquement stable et à l'abri d'attaques extérieures, l'Égypte se contente en général de protéger ses frontières. De nombreuses tentatives libyennes d'invasion du Delta sont repoussées, et la péninsule du Sinaï – d'où l'on extrait des pierres précieuses et le cuivre, indispensable (avec l'étain) pour fabriquer le bronze des armes – est placée sous contrôle. Un protectorat est exercé sur Byblos, en Phénicie, d'où l'on importe du bois dont l'Égypte est pratiquement

Des formations d'archers ont été constituées après les premières expéditions en Nubie. Elles assurent l'ordre public et sont affectées à la garde du pharaon.

dépourvue. En revanche, au sud, le pharaon Snefrou, premier roi de la IVᵉ dynastie, organise des expéditions en Nubie pour se procurer du granit destiné à la taille d'obélisques. Sahourê (début de la Vᵉ dynastie) envoie des expéditions navales vers le Levant et vers le Pount – région légendaire de la mer Rouge et de la Corne de l'Afrique –, riches en épices, ivoire, or et encens. Avec les Vᵉ et VIᵉ dynasties, les rois apparaissent moins sûrs de leur pouvoir et recherchent l'appui des gouverneurs chargés d'administrer les différentes provinces, particulièrement celles du Sud, éloignées de la

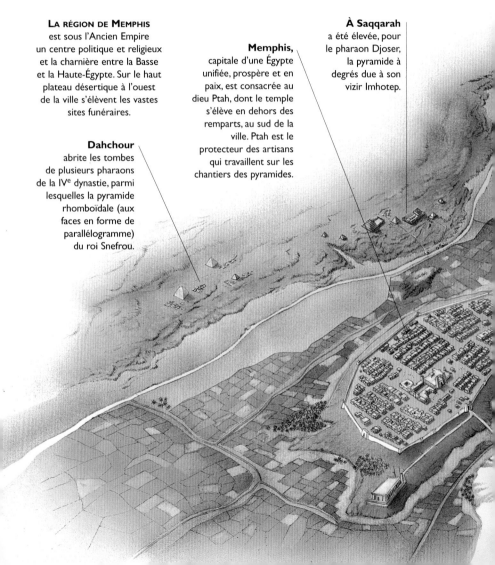

LA RÉGION DE MEMPHIS est sous l'Ancien Empire un centre politique et religieux et la charnière entre la Basse et la Haute-Égypte. Sur le haut plateau désertique à l'ouest de la ville s'élèvent les vastes sites funéraires.

Memphis, capitale d'une Égypte unifiée, prospère et en paix, est consacrée au dieu Ptah, dont le temple s'élève en dehors des remparts, au sud de la ville. Ptah est le protecteur des artisans qui travaillent sur les chantiers des pyramides.

À Saqqarah a été élevée, pour le pharaon Djoser, la pyramide à degrés due à son vizir Imhotep.

Dahchour abrite les tombes de plusieurs pharaons de la IVᵉ dynastie, parmi lesquelles la pyramide rhomboïdale (aux faces en forme de parallélogramme) du roi Snefrou.

capitale. Pour s'assurer de leur fidélité, le roi leur attribue d'amples pouvoirs et surtout de vastes domaines en usufruit, avec pour résultat de les rendre indépendants de l'autorité qui les a investis. Aux dons succèdent les privilèges, largement distribués par Mérenrê Pépi (VIe dynastie) et, parmi ceux-ci le plus dangereux de tous, l'autorisation de transmettre sa charge à ses héritiers.

L'organisation de l'État

L'État a toujours conservé la structure pyramidale acquise sous

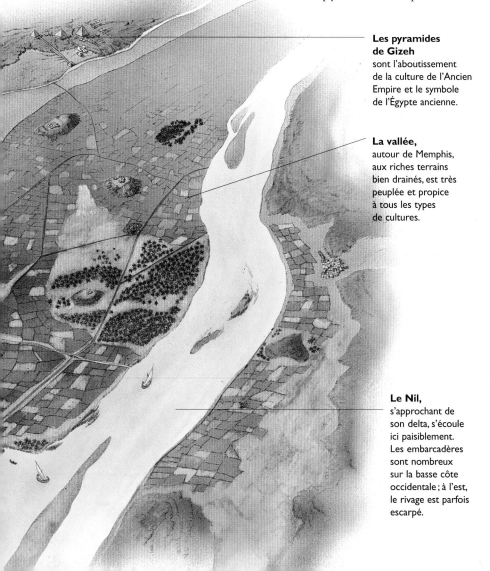

Les pyramides de Gizeh sont l'aboutissement de la culture de l'Ancien Empire et le symbole de l'Égypte ancienne.

La vallée, autour de Memphis, aux riches terrains bien drainés, est très peuplée et propice à tous les types de cultures.

Le Nil, s'approchant de son delta, s'écoule ici paisiblement. Les embarcadères sont nombreux sur la basse côte occidentale ; à l'est, le rivage est parfois escarpé.

l'Ancien Empire. Le pouvoir est solidement détenu par le pharaon, le roi, qui règne sur une population estimée entre 2 et 5 millions d'habitants. Il définit les lignes de conduite du gouvernement ou décide des initiatives de l'État, mais il délègue une grande partie du pouvoir exécutif au vizir, chef d'une administration très efficace. Le vizir – que nous voyons page ci-contre sur la tablette de Narmer, mettant ses sandales à son seigneur – est secondé par les responsables des principaux secteurs, qui constituent la plus haute classe des fonctionnaires. Ceux-ci agissent en tant que délégués du roi, source vivante du droit, et interprètent sa volonté, qu'ils diffusent dans tout le pays par l'intermédiaire des fonctionnaires locaux administrant la justice, l'économie et les finances, l'agriculture, la réalisation des grands travaux, etc.

Le sens de la hiérarchie et du travail est surprenant dans l'Égypte des pharaons. Les fonctionnaires de tous ordres et de tous grades répondent avec fidélité et diligence à leurs supérieurs, et exercent avec justice leur pouvoir sur leurs subordonnés.

Ceux du plus haut niveau, chefs de département (nos actuels ministres) sont appelés *mer* (« Ceux qui ont la parole », c'est-à-dire qui sont en mesure de commander) et sont contrôlés par des inspecteurs du roi ou par le vizir.

Chaque ministère dispose de fonctionnaires subalternes

Le vizir de Thoutmosis III, Rekhmirê, tient dans la main droite le bâton, signe de commandement, et, dans la main gauche, le sceptre.

La forme de la pyramide représente bien l'organisation de la société : au sommet, on trouve le pharaon, qui délègue son pouvoir à une classe de fonctionnaires ; ces derniers respectent ses volontés, comme le fait le peuple, auquel ils les transmettent.

La structure du pouvoir ne change pratiquement pas durant toute l'époque pharaonique, même si, dans l'Ancien Empire, le vizir assume de plus grandes responsabilités en tant que chef de toute la bureaucratie.

La Grande Maison, dirigée par un recteur, comprend la famille du pharaon, la et le secrétariat personnel du souverain.

Le Vizir

Pharaon

La Maison du roi

Chancellerie royale, archive des décrets, bureau d'enregistrement

La Maison Blanche

Contrôle des entrées de blé, d'or et de matières précieuses dans les magasins centraux

La Maison de l'Or

Redistribution des biens de consommation et des finances aux fonctionnaires, aux ouvriers de l'État et aux temples

Le Culte

Sous les ordres d'un recteur, contrôle des temples des pyramides, des temples solaires et des sanctuaires d'Héliopolis

L'Intérieur

Contrôle de l'action des gouverneurs des provinces avec l'appui d'une police civile.

La Justice

Un tribunal suprême contrôle les tribunaux de province

Le Domaine

Surveillance de tous les biens publics

Les Travaux publics

Projets et financement de la construction des temples, des palais et des pyramides

Les Canaux

Construction et entretien de tous les canaux

Les Forces militaires

Service armé et aussi encadrement des travailleurs affectés aux grands chantiers publics

tels que secrétaires, scribes et archivistes.

Les gouverneurs sont chargés de diriger les *nomoi* (nomes, ou districts) correspondant à des provinces ; ils sont nommés directement par le pharaon, choisis sur place et révocables à tout moment. Auprès de chacun d'eux est placé un conseiller, qui a les mêmes fonctions que le vizir. La Haute-Égypte compte invariablement 22 provinces, alors qu'en Basse-Égypte leur nombre varie avec le temps de 13 à 17.

Des gouverneurs ayant des pouvoirs spéciaux de police administrent les oasis occidentales, sujettes aux raids des Libyens. Ils sont choisis parmi les militaires de grade élevé, qui n'ont que peu d'occasions d'accroître leur prestige : en effet, l'Égypte, protégée à la fois par la mer et par les déserts, ne doit combattre que rarement pour se défendre.

Déjà dans l'Ancien Empire, le régime social peut être qualifié de fluide : la

Mykérinos
ou Mykerinus (v. 2600 av. J.-C.), pharaon de la IVᵉ dynastie, sur un bas-relief en schiste vert. Coiffé de la couronne blanche de la Haute-Égypte et portant la barbe postiche, symbole de son pouvoir divin, il est accompagné (à sa droite) de la déesse Hathor – aux cornes de vache enserrant le Soleil – et d'une divinité locale de moindre importance.

Kephren
(2558-2539 av. J.-C.) : détail d'une statue en diorite du pharaon de la IVᵉ dynastie. Le dieu faucon Horus étend ses ailes sur les côtés du *némès*, la traditionelle coiffe à bord retombant.

population apparaît répartie suivant une hiérarchie aux multiples échelons.

Au sommet siège le pharaon, qui est divinisé ; au-dessous viennent le vizir, puis les hauts fonctionnaires, et ainsi de suite jusqu'au dernier des esclaves. Dans ce système, exceptions faites du premier et des derniers, chacun est à la fois dirigeant et exécutant ; il est placé dans une situation qui lui permet non seulement de bien s'intégrer dans la société, mais aussi en fonction de ses capacités, de gravir les échelons et d'améliorer sa position.

Le pharaon et la société égyptienne

Symbole et soutien de l'État, le pharaon, incarnant Maât, garantit la cohésion et le bonheur du pays. Il est l'intermédiaire entre le monde humain et le monde divin, garant de la permanence de l'ordre et de l'harmonie du cosmos qui, sans son intervention, ne serait que chaos.

Des cinq noms qui lui sont attribués, les premiers se réfèrent à son origine divine : Horus (le dieu faucon, patron de l'unification) ; les Deux Maîtresses, nom qui l'identifie aux deux déesses du Nord et du Sud, Nehkbet et Ouadjyt ; Horus d'or (Noubti), manifestation du dieu. Le quatrième nom, signifiant « Fils de Rê », a trait au pouvoir civil et équivaut au titre de roi. Suit enfin le nom

Un puissant fonctionnaire, dit le *Maire du village* : sculpture (V^e dynastie) en bois de sycomore, dont les yeux en cristal de roche sont animés d'une vie singulière qui a traversé les siècles.

personnel qui lui a été donné à sa naissance.

Le pharaon assure, par la force magique émanant de sa personne, la fertilité de la terre, la prospérité de ses sujets et la force de ses armées. Aussi son autorité est-elle illimitée et indiscutée. Et, s'il édicte des décrets, naturellement justes et sages, et qui ont la force de décisions inspirées, c'est au vizir, son bras séculier, de les faire respecter, car les erreurs des hommes ne peuvent altérer la justice divine.

Le vizir – qui, comme on l'a vu, est responsable de l'appareil bureaucratique – est surtout en charge de l'administration de la justice. C'est lui qui désigne les magistrats siégeant dans les tribunaux et qui contrôle leurs verdicts, parce que la vérité appartient au pharaon et que tous ses sujets, hommes ou femmes, riches ou pauvres, sont égaux devant la loi.

L'autorité religieuse, inhérente à la personne du pharaon, est déléguée à la classe des prêtres, qui sont chargés par le dieu-roi de le remplacer dans les célébrations rituelles, fort nombreuses. Comme nous le verrons, le panthéon égyptien compte une multitude de dieux, ·et les diverses cérémonies sacrées vont, avec le temps, nécessiter un nombre croissant de célébrants dans les temples.

Au début de l'Ancien Empire, les gouverneurs sont aussi les premiers prêtres des temples locaux et les usufruitiers du revenu provenant des biens en nature destinés aux édifices sacrés.

Quand, à la fin de cette période, les gouverneurs se voient attribuer des terres et des privilèges, les temples

Membres de la famille royale, le prince Râhotep, un haut fonctionnaire, et sa femme la princesse Néfert, immortalisés dans ces statues de calcaire peint remarquablement conservées.

Pharaon et prêtre, le souverain (reconnaissable à sa couronne blanche, portée seulement à la guerre et lors des cérémonies solennelles) porte la tenue sacerdotale rituelle, une peau de léopard.

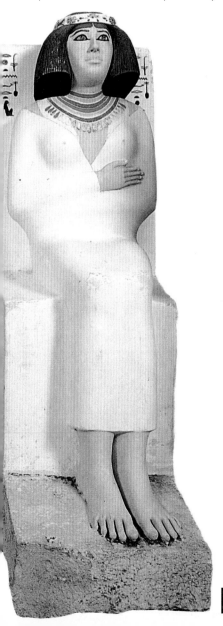

qu'ils dirigent deviennent très riches et presque autonomes.

Les prêtres subalternes, encadrés par une rigoureuse hiérarchie, se voient confier pour le temple auquel ils appartiennent des missions de toutes sortes (administration, contrôle et responsabilité de la production, etc.).

La redistribution des richesses

Tout le territoire égyptien, avec les richesses qui y sont produites, appartient au pharaon, qui doit assurer à tous l'assistance, la sécurité et, autant que possible, le bien-être, car la « Règle de Maât » exige la réciprocité et la solidarité dans la vie économique.

Celle-ci fonctionne suivant un système de distribution organisé autour d'un temple.

Dans chaque région, les biens produits (tant agricoles qu'artisanaux) sont inventoriés et emmagasinés par les scribes, puis redistribués parmi la population. En contrepartie de la juste et attentive redistribution des denrées et des produits placés sous leur contrôle, les temples sont exonérés d'un grand nombre de taxes. La propriété privée existe, sous forme de petites fermes agricoles et de boutiques d'artisanat à gestion familiale, dont les moyens de production (bétail, instruments, barques de pêche) sont recensés et taxés annuellement.

Le commerce se fait par le troc, sur la base d'une valeur abstraite attribuée à chaque chose.

Personne n'est esclave

On a mis l'accent sur les principes d'ordre et d'harmonie, de réciprocité et de solidarité dans la vie économique, fixés par la Règle de Maât. Tout cela est

Sous les semelles
d'une paire de sandales sont représentés (en signe de mépris ?) deux prisonniers de guerre (un Asiatique et un Syrien).

Les ouvriers
qui ont construit les pyramides et les temples ont longtemps été perçus comme des esclaves. On sait aujourd'hui que c'étaient des hommes libres, avec un contrat de travail en bonne et due forme.

possible dans l'Ancien Empire, où les classes dirigeantes ont le seul privilège de la richesse, mais se trouvent, devant le pouvoir, qui n'appartient qu'au seul pharaon, dans la même position que n'importe quel autre sujet. Pour la même raison, l'esclavage, entendu comme absence totale de droits légaux, n'existe pas. Certains travailleurs – paysans, mais aussi artisans et parfois même scribes – peuvent parfois être cédés ou loués par les propriétaires terriens ou les temples qui les emploient, mais il s'agit d'hommes réduits par une extrême misère à un état de « servitude » qui n'a rien de définitif ni d'héréditaire. Ils ne sont jamais considérés comme des choses ou des machines sans âme.

Les scribes

Les hauts fonctionnaires partageant le pouvoir du pharaon – dans la mesure où un pouvoir absolu et d'origine divine peut être partagé –, ont pour assistants

Les prisonniers de guerre, même au moment des expéditions de conquêtes entreprises sous le Nouvel Empire, sont intégrés à la vie économique du pays. *Soumission d'un prisonnier,* tombe de Thoutmosis IV, pharaon de la XVIIIe dynastie.

des cadres administratifs et exécutifs de rang inférieur, les scribes. Aucune autre civilisation ancienne n'a eu une administration aussi bien organisée. Les scribes sont des hommes possédant une compétence spécifique ; ils forment un groupe non homogène mais nombreux et respecté. Après avoir longtemps fréquenté l'école pour apprendre les écritures égyptiennes compliquées, les moins heureux d'entre eux passent leur vie à écrire sous la dictée d'un fonctionnaire d'un grade plus élevé, mais d'autres accèdent à des responsabilités et interviennent à tous les niveaux de la vie sociale. On les trouve dans les bureaux de l'Administration, dans les champs pour prendre des mesures, recenser le bétail ou évaluer les récoltes, aux frontières pour contrôler les étrangers, et en tout lieu pour percevoir les impôts. De leur compétence et de la rigueur de leur travail peut dépendre la survie même du peuple. En effet, leur tâche n'est pas seulement de recenser et d'évaluer les richesses acquises, mais ils doivent aussi prévoir les mauvaises récoltes, quand les crues trop fortes ou trop faibles pourront entraîner des disettes. Ils doivent alors donner l'alerte et pourvoir aux approvisionnements, à la constitution de réserves. Quels que soient son rang et son rôle, le scribe a l'orgueil de sa fonction. Dans un texte ancien, intitulé *Satire des métiers,* on peut lire : « Le blanchisseur lave tous les jours, et beaucoup, le linge des voisins… Les mains et les pieds du potier sont couverts d'argile… Le cordonnier tanne le cuir et cela sent mauvais. Le scribe, lui, contrôle le travail de tous. Notez-le ! »

La direction des travaux, en relation avec le chef des ingénieurs, est assurée par un scribe : il note chaque jour l'état d'avancement du chantier, calcule le coût et commande les matériaux de construction et la nourriture, établit la paie des ouvriers, fait face aux dépenses imprévues et s'occupe même des accidents.

Le recensement du bétail est effectué par un officier de la , assisté d'un groupe de scribes devant lesquels défile le troupeau. Ils consignent, outre le nombre de bêtes, leur état de santé, les exploitations agricoles auxquelles ils sont destinés et leurs terrains de pâturage.

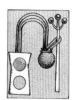

Les hiéroglyphes
qui signifient « scribe »
représentent les
instruments usuels de
celui-ci : un étui, avec
des rainures pour les
tablettes de pigments
d'encre noire et rouge,
un godet pour l'eau et
une plume en roseau.

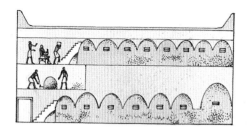

La trousse de travail
du scribe comprend
plusieurs modèles de
plumes, appelées calames,
une spatule pour
dissoudre les pigments
dans un encrier.

La comptabilité
est l'une des tâches
des scribes, qui
enregistrent aussi bien
la paie journalière
d'un ouvrier, le dépôt
d'un sac de blé dans
un magasin qu'une
liste d'offrandes faites
à une divinité.

Les archivistes,
encore des scribes,
sont affectés à la copie
de textes scientifiques
et littéraires, de
formules magiques ou
rituelles. Les rouleaux
de papyrus, conservés
dans des vases scellés,
forment les
bibliothèques et les
archives des temples
et du palais royal.

L'écriture

Le travail du scribe est généra-lement moins dur que celui de l'artisan, car il consiste avant tout à écrire, activité ardue mais non fatigante.

L'écriture égyptienne est composée de figures (les hiéroglyphes) représentant l'homme ou le monde qui l'entoure (plantes, animaux, etc.). À l'origine de l'écriture hiéroglyphique, chaque signe est utilisé comme pictogramme, c'est-à-dire qu'il indique sa signification de façon figurative. Par la suite, la nécessité d'exprimer des concepts abstraits et des noms propres a conduit à l'utilisation de signes pour leur valeur phonétique, suivant le principe des rébus. Le développement de l'activité économique impose l'usage d'un système de signes plus rapide, et les hiéroglyphes sont alors tracés de manière stylisée. Les Grecs ont appelé cette écriture *hiératique* (sacerdotale) parce que, à l'époque où ils l'ont connue, elle n'était déjà plus utilisée que par les prêtres pour transcrire les textes sacrés. Pourtant, à l'origine, elle a été d'un usage courant. Plus tard (VIIe siècle av. J.-C.) se répand une écriture plus rapide et plus simple, adaptée aux nécessités de la vie quotidienne et dérivée de l'écriture hiératique : elle est dite *démotique*, c'est-à-dire populaire.

Les artisans

Le travail manuel a toujours été considéré en Égypte comme l'une des valeurs fondamentales de la société, et l'artisan est un peu comme un artiste. Imhotep, vizir et architecte du pharaon Djoser, pour qui il construit la pyramide à degrés de Saqqarah, a commencé sa carrière en

La lecture des hiéroglyphes s'effectue normalement à la verticale, de haut en bas et de droite à gauche. La direction est cependant indiquée par les profils des figures humaines ou animales, qui sont tournés vers le début de l'inscription.

Des cueilleurs déracinent les pieds de papyrus dans un marais.

Tombe du propriétaire terrien Tih, à Saqqarah (vers 2500 av. J.-C.).

Les tiges de papyrus, découpées en fines lamelles verticales, sont mises à sécher en couches alternées avec de la colle, afin d'obtenir un support pour l'écriture.

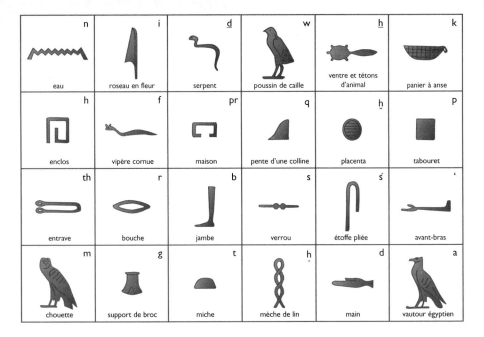

n	i	d̲	w	ḥ	k
eau	roseau en fleur	serpent	poussin de caille	ventre et tétons d'animal	panier à anse

h	f	pr	q	ẖ	p
enclos	vipère cornue	maison	pente d'une colline	placenta	tabouret

th	r	b	s	ś	'
entrave	bouche	jambe	verrou	étoffe pliée	avant-bras

m	g	t	ḥ	d	a
chouette	support de broc	miche	mèche de lin	main	vautour égyptien

maison + miche = semence

pr + t = prt

Comme un rébus !
Ci-dessus, l'« alphabet » hiéroglyphique, avec la transcription phonétique de chaque signe.

La combinaison de plusieurs signes (et sons) compose des mots et prend des significations diverses.

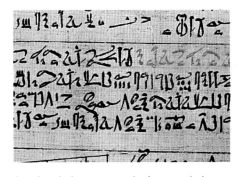

La géométrie
se transcrit en caractères hiératiques,

plus fonctionnels dans ce cas que l'écriture hiéroglyphique.

fabriquant des vases de pierre. La population non consacrée à l'agriculture a une activité artisanale (orfèvrerie, céramique, bibelots) qui, bien que florissante, satisfait en premier lieu le marché intérieur (le grand commerce avec l'étranger est un monopole d'État, et il est supervisé par le pharaon). Un artisan peut difficilement se permettre de travailler seul. D'ordinaire, il est dépendant de l'État et reçoit en contrepartie des paiements en nature (denrées alimentaires, vêtements, sandales, sel) et en services de première nécessité (logement, ustensiles et outils de travail, soins médicaux, sépulture). Les artisans se transmettent leurs techniques de père en fils, mais ils accueillent aussi des apprentis. Comme on peut le voir dans la *Satire des métiers,* les jeunes Égyptiens sont libres de choisir un travail suivant leur inclination, mais on les met en garde contre les difficultés qui les attendent, dans l'intention de les pousser plutôt à entrer à l'école des scribes et à faire carrière dans l'Administration.

Jusqu'à la IVe dynastie, les artisans sont employés en priorité à la construction des pyramides, puis, durant la Ve dynastie, sur les chantiers des temples. Ils sont carriers, charpentiers, fondeurs, sculpteurs, tailleurs de pierres, menuisiers, plâtriers, peintres. Ils connaissent les secrets du travail de tous les types de pierre, du granit au grès ou à l'albâtre, et de chaque espèce de bois et de métal (pas encore le fer).

Avec la VIIe dynastie, l'activité du bâtiment cesse presque complètement, alors qu'elle a, pendant plus de deux siècles et demi, employé cinquante

La préparation de la bière est l'une des plus importantes activités quotidiennes des paysannes. Statuette de calcaire peint, de la Ve dynastie, trouvée à Saqqarah.

Exemple d'ébénisterie, ce coffret de maquillage en bois peint, avec sa cuillère pour mêler les onguents.

Artisanat funéraire : on prépare, pour les disposer dans sa tombe, tous les objets quotidiens que l'on pense nécessaires au mort, sans oublier les amulettes destinées à le protéger au cours de son voyage dans l'Au-delà.

générations d'artisans. Rassemblés dans la capitale et privés d'un système social leur assurant travail et subsistance, les artisans déclenchent, vers 2260 av. J.-C., une révolte sociale, la première que l'on connaisse dans l'histoire. Ce mouvement contribue à l'affaiblissement du pouvoir et à l'anarchie qui se manifesteront au cours de la Première Période intermédiaire.

Les paysans

Les véritables producteurs de la richesse du pays sont les paysans, autonomes ou sujets d'un grand propriétaire (un fonctionnaire, un temple) qui a obtenu la terre en bénéfice. Dans ce dernier cas, les paysans sont cédés ou loués, mais ils ne perdent pas leurs droits d'hommes libres. La majeure partie des paysans habitent dans des villages malodorants

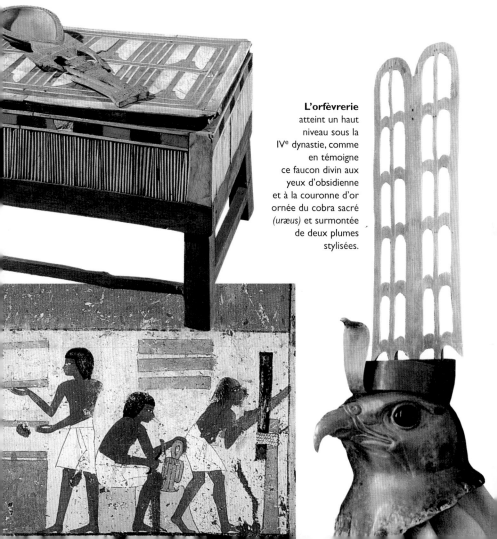

L'orfèvrerie atteint un haut niveau sous la IVe dynastie, comme en témoigne ce faucon divin aux yeux d'obsidienne et à la couronne d'or ornée du cobra sacré (*uræus*) et surmontée de deux plumes stylisées.

et envahis de parasites, proches des terres à cultiver, et paie un tribut en nature calculé par les scribes, suivant l'étendue des terrains, la présence d'animaux de basse- ou de trait, les arbres fruitiers ou la cannaie. Les paysans doivent fournir au pays le blé pour le pain et l'orge pour la bière, la viande pour la table, le lin pour les tissus, le papyrus pour les barques et le matériel d'écriture. Ils ont à leur disposition des outils simples mais efficaces, comme la houe (une sorte de pioche courte en bois pour remuer la terre) et l'araire. Le travail est, en fait, allégé par les inondations du Nil, qui

L'INSPECTION
par les fonctionnaires royaux dans un village de paysans : ils dressent le bilan annuel, font l'inventaire des réserves alimentaires et recensent les habitants.

L'impôt,
un pourcentage de la production dû au pharaon, est calculé par le chef des fonctionnaires, qui en assure aussi la perception.

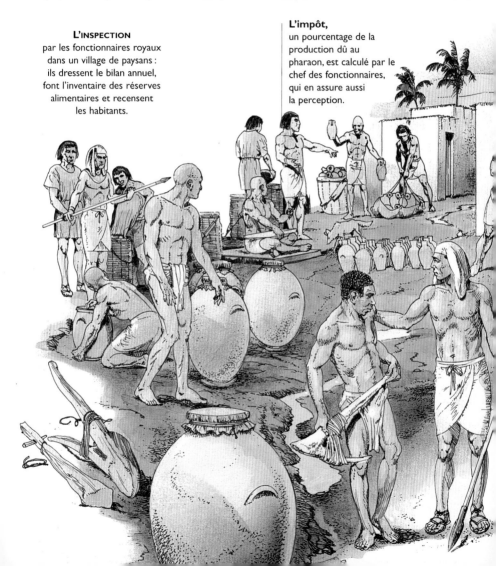

déposent sur les champs le limon fertilisant qu'il n'est pas nécessaire de labourer en profondeur.

Pendant les mois où le travail agricole est interrompu, les paysans sont tenus de travailler sur les chantiers des grands travaux décidés par le pharaon.

Autonomes ou sujets, ils bénéficient de la protection contre les menaces extérieures, d'une alimentation au-dessus du niveau de subsistance, de la participation aux rites sacrés, avec l'espoir de pouvoir améliorer la condition de leurs enfants.

Le recrutement :
les paysans les plus jeunes et les plus robustes sont choisis pour être envoyés sur les grands chantiers. Ils doivent quitter leur famille et leur village pour un travail plus dur que celui des champs.

LE VILLAGE, situé non loin du fleuve ou des canaux, est constitué d'habitations en briques brutes crépies, dans lesquelles la lumière et l'air n'entrent que par une unique porte.

Des gardes armés punissent devant tous, à titre d'exemple, ceux qui refusent ou tardent à payer l'impôt.

L'Ancien Empire : la religion

Sous l'Ancien Empire, les Égyptiens attribuent une grande importance aux rites funéraires, liés à la ferme croyance en la survie dans l'Au-delà. Mais, dès les époques anciennes, de nombreuses divinités formaient le riche panthéon de la religion égyptienne.

Ces deux manifestations de la religion, la funéraire et la divine, se conjuguent depuis les origines. La religion funéraire est fondée sur la foi en l'éternelle survie de l'âme. La mort n'est considérée que comme l'échappée de cette force spirituelle, le *kâ,* ou double de l'homme, qui a trouvé dans le corps une enveloppe matérielle. Puisque le monde a été créé par la force vitale de l'univers, fait d'ordre et d'harmonie, et qui s'étend au-delà et au-dessus de l'homme, l'esprit

éternel de celui-ci doit y retourner quand son parcours terrestre est parvenu à son terme. C'est encore la logique de la Règle de Maât qui est transposée dans le sacré.

Quant à l'aspect proprement divin de la religion égyptienne, il ne saurait surprendre par la multiplicité de ses dieux, car il accueille les divinités locales de toutes les régions, souvent représentées sous la forme et avec des attributs d'animaux. Il s'agit là probablement de

Le dieu Osiris tient le sceptre et le fouet, insignes du pouvoir. La couleur verte du visage et des mains indique la pérennité du cycle végétal.

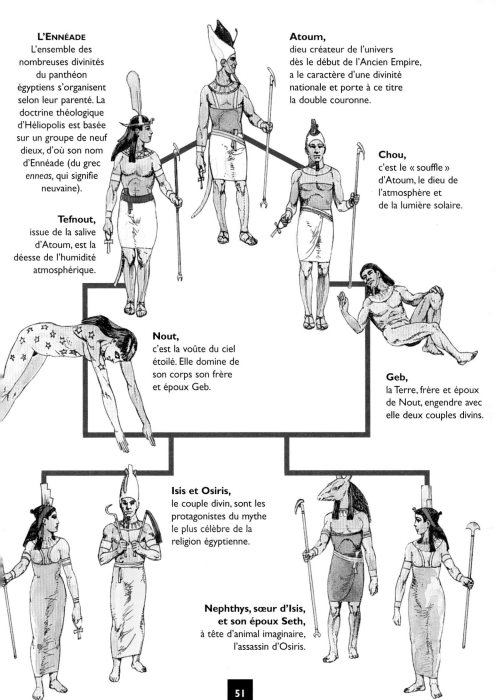

L'ENNÉADE
L'ensemble des nombreuses divinités du panthéon égyptiens s'organisent selon leur parenté. La doctrine théologique d'Héliopolis est basée sur un groupe de neuf dieux, d'où son nom d'Ennéade (du grec *enneas*, qui signifie neuvaine).

Atoum,
dieu créateur de l'univers dès le début de l'Ancien Empire, a le caractère d'une divinité nationale et porte à ce titre la double couronne.

Chou,
c'est le « souffle » d'Atoum, le dieu de l'atmosphère et de la lumière solaire.

Tefnout,
issue de la salive d'Atoum, est la déesse de l'humidité atmosphérique.

Nout,
c'est la voûte du ciel étoilé. Elle domine de son corps son frère et époux Geb.

Geb,
la Terre, frère et époux de Nout, engendre avec elle deux couples divins.

Isis et Osiris,
le couple divin, sont les protagonistes du mythe le plus célèbre de la religion égyptienne.

Nephthys, sœur d'Isis, et son époux Seth,
à tête d'animal imaginaire, l'assassin d'Osiris.

survivances du culte voué par chaque tribu préhistorique à son propre totem. Les Égyptiens ne se sont pas préoccupés de définir avec clarté les attributs et les pouvoirs de chaque divinité, même si certaines sont pourvues d'un rôle précis. Pour eux, les dieux sont d'une essence supérieure ; leur humeur conditionne la marche du monde, et mieux vaut entretenir de bonnes relations avec eux ! Tel est le devoir du pharaon, le dieu vivant, et le but des cérémonies du culte se déroulant dans les temples. Néanmoins, la religion a donné la prééminence au dieu Soleil dans ses diverses manifestations : Khêpri le matin, Rê à midi, Atoum le soir. Son culte a été répandu par les prêtres théologiens d'Héliopolis (en grec, la Cité du Soleil), au nord de Memphis, qui ont élaboré la première théorie cosmogonique, dite l'*Ennéade,* parce que fondée sur la réunion de neuf *(enneas)* dieux. D'autres villes, comme Hermopolis et Memphis, ont élaboré des théogonies groupant huit dieux *(Ogdoade).* Une autre doctrine, dédiée à Osiris, trouve son origine dans une époque plus ancienne encore.

L'Ennéade d'Héliopolis

Le dieu Atoum se crée lui-même dans le chaos originel ; il engendre ensuite un couple de divinités : Chou, divinité de l'air, et Tefnout représentant l'humidité, qui à son tour donne vie à un autre couple, Geb (la Terre) et Nout (le Ciel). Ensuite, Geb et Nout engendrent deux couples divins, Seth et Nephthys, Osiris et Isis.

Le culte de ces derniers est très en honneur dans toutes les couches de la population jusqu'au terme de la civilisation égyptienne. En réalité, il s'est répandu plus loin et a touché le monde gréco-romain.

Neith — Néfertoum — Ptah — Sebek — Rê — Sekhmet — Isis — Osiris

Le dieu Rê,
à tête de rapace,
est la manifestation
du Soleil à midi. Il est
pour cela surmonté
du disque solaire.

Isis,
épouse et mère
exemplaire,
trône avec
son fils Horus
sur les genoux.

Hathor

Amon

Horus

Les dieux locaux
Avant l'unification
des Haute et Basse
Égyptes, chaque
localité possédait
son propre dieu, et
le pays en vénérait
ainsi des dizaines.
Ces cultes divers
s'assemblèrent,
donnant naissance
à une religion
complexe,
avec parfois des
contradictions.

Nephthys

Khonsou

Khnoum

Selon ce mythe, Osiris fut tué par son frère Seth, et ses membres furent dispersés dans le monde. Mais Isis, éplorée, partit à la recherche de toutes les parties du corps de son époux, le recomposa par des artifices magiques et lui rendit le souffle vital. Ressuscité, Osiris devint le dieu de l'Au-delà.

Le culte des morts

Que ce soit la mort et la résurrection d'Osiris ou le parcours quotidien du dieu Soleil, avalé chaque soir par Nout, la Voûte céleste, et remis au monde par elle chaque matin, ces récits sacrés représentent pour les anciens Égyptiens la certitude de la survie de l'âme après la mort. Mais, pour que cela advienne, il faut que le corps ne se corrompe ni ne se disperse. D'où la volonté de préserver le cadavre par la momification et les rites d'ensevelissement dans les tombeaux.

Aux temps les plus reculés, le privilège d'une véritable vie dans l'Au-delà était considéré comme l'exclusivité du pharaon, et les sujets espéraient que son immortalité rejaillirait sur eux de quelque façon. À la fin de l'Ancien Empire, la survie devient un droit pour tous ceux qui peuvent disposer d'un tombeau et bénéficier des rites funèbres.

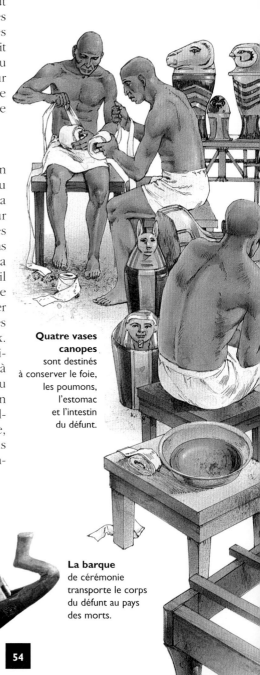

Quatre vases canopes sont destinés à conserver le foie, les poumons, l'estomac et l'intestin du défunt.

La barque de cérémonie transporte le corps du défunt au pays des morts.

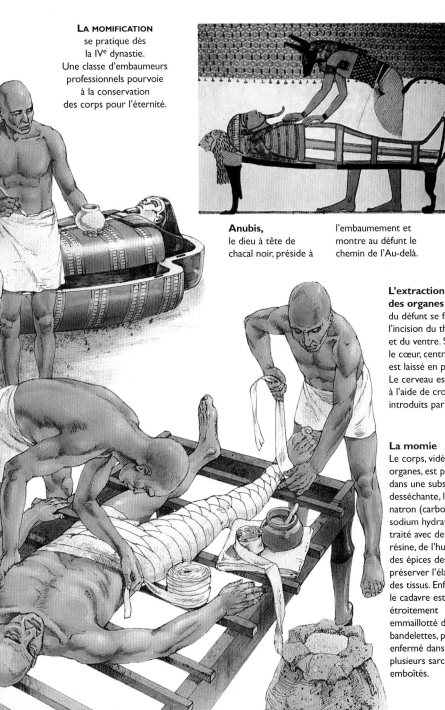

LA MOMIFICATION
se pratique dès
la IVᵉ dynastie.
Une classe d'embaumeurs
professionnels pourvoie
à la conservation
des corps pour l'éternité.

Anubis,
le dieu à tête de
chacal noir, préside à
l'embaumement et
montre au défunt le
chemin de l'Au-delà.

**L'extraction
des organes**
du défunt se fait par
l'incision du thorax
et du ventre. Seul
le cœur, centre vital,
est laissé en place.
Le cerveau est retiré
à l'aide de crochets
introduits par le nez.

La momie
Le corps, vidé de ses
organes, est plongé
dans une substance
desséchante, le
natron (carbonate de
sodium hydraté), puis
traité avec de la
résine, de l'huile et
des épices destinés à
préserver l'élasticité
des tissus. Enfin
le cadavre est
étroitement
emmaillotté de
bandelettes, puis
enfermé dans un ou
plusieurs sarcophages
emboîtés.

Les pyramides

Depuis l'époque protodynastique, la tombe royale est étroitement liée à l'affirmation du pouvoir terrestre du pharaon, dont elle est la manifestation extérieure. Avec la IIIᵉ dynastie, elle devient un symbole de sa divinité, de sa survie céleste, de son pouvoir outrepassant la mort.

Pour exprimer ces nouvelles idées philosophiques et religieuses, Imhotep, grand chancelier et architecte du pharaon Djoser (2670-2650 av. J.-C.), fait d'abord le projet d'élever pour celui-ci un mastaba (tombe basse de forme trapézoïdale), puis décide de le surélever par une série de mastabas de grandeur décroissante : ainsi naît la célèbre pyra-

LES PYRAMIDES DE GIZEH
vues du sud. La perspective
fausse l'ordre de grandeur
des monuments.

UN PROVERBE ARABE
rend hommage aux pyramides de Gizeh, debout
depuis plus de 4 000 ans : « Le temps défie toutes
choses, les pyramides défient le temps. »

**La pyramide
de Mykérinos** —
est la plus petite (66 m
de hauteur, pour une base
carrée de 108 m de côté).
Elle conserve son revêtement
d'origine en granit, malgré
les dégradations qu'elle a
subies au cours des siècles.

mide à degrés de Saqqarah, symbolisant une échelle permettant l'ascension du pharaon vers le ciel. Ce concept architectural obtient un tel succès que l'on construit onze pyramides en quarante ans seulement, entre 2670 et 2630.

Un siècle plus tard, sous le règne de Snefrou, premier pharaon de la IVe dynastie, la pyramide acquiert sa forme définitive à faces planes. Cette évolution formelle n'est pas négligeable et exprime avec une grande insistance l'importance du culte solaire associé à celui du roi. Le rapprochement doit être instantané pour l'observateur : les arêtes des pyramides de Gizeh « copient » l'inclinaison des rayons du soleil, et les faces abruptes sont la matérialisation

La pyramide de Khephren
remonte à 2500 av. J.-C. Haute de 136 m (à l'origine, 143 m), sa base fait 210 m au carré. On voit encore à son sommet le revêtement d'origine, en plaques de calcaire.

La Grande Pyramide, dite de Kheops,
second pharaon de la IVe dynastie, a été construite vers 2550 av. J.-C. Elle compte presque 2 millions de blocs de calcaire compact, chacun pesant en moyenne 2 tonnes. Ses mesures dépassent de quelques mètres celles de la pyramide de Khephren.

Le chantier de Khephren
s'étend sur plus de 800 km de longueur
à travers toute la Haute-Égypte,
en prenant en compte le transport des
matériaux. En effet, les blocs
de pierre proviennent
des lointaines carrières d'Assouan.

Le travail à la chaîne
est de mise pour toutes
les opérations (extraction
des pierres, transport,
taille, mise en œuvre,
etc.), afin d'éviter
les « bouchons »
et les temps morts.

 dans la pierre de ses rayons. Le revêtement presque blanc évoque la lumière de l'astre. Enfin, le sommet très élevé et étincelant doit paraître inaccessible.

La construction des pyramides

Afin que, même après la mort du pharaon, le pays puisse bénéficier de son pouvoir divin, des milliers d'hommes ont été mis à contribution pour construire les pyramides. Se référant au grand monument thébain de Khéops, Hérodote parle de 100 000 hommes travaillant sans interruption, par roulement de trois mois, et ce pendant vingt ans. Il reste difficile pour nous de reconstituer le procédé par lequel presque 3 millions

L'ensemble de Gizeh, situé au sud-ouest du Caire, comprend essentiellement les pyramides de Mykérinos (à gauche), de Khephren et de Kheops.

de mètres cubes de pierres, d'un poids moyen de plus de 2 tonnes chacune, ont été amenées et assemblées à la perfection jusqu'à une hauteur de 150 mètres, à une époque où l'on ne connaissait ni le fer ni la roue, et encore moins la poulie ni le treuil. On a avancé l'hypothèse de rampes ascensionnelles provisoires de plusieurs types et de balanciers construits en petits madriers (« bois courts », dit Hérodote) permettant de soulever les blocs carrés d'un étage à l'autre de la structure portante de la construction, érigée en degrés.

Les grandes pyramides sont l'œuvre extraordinaire d'hommes – du plus humble ouvrier au grand prêtre architecte et directeur des travaux – dotés de qualités exceptionnelles. À un point tel que, après les générations qui ont vécu de 2700 à 2500 av. J.-C. environ, le prodige ne s'est plus jamais reproduit, comme si l'élan surnaturel s'était épuisé dans ce formidable effort.

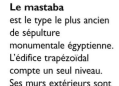

Le mastaba
est le type le plus ancien de sépulture monumentale égyptienne. L'édifice trapézoïdal compte un seul niveau. Ses murs extérieurs sont légèrement inclinés.

La pyramide à degrés est composée d'une superposition de mastabas de taille décroissante. La plus célèbre et la plus grande, la pyramide du pharaon Djoser, à Saqqarah, haute de 60 m, mesure à la base 121 x 109 m.

La forme parfaite et définitive est celle de la pyramide de Kheops, la plus grande des trois pyramides de Gizeh. Sa base mesure 230 x 230 m, sa hauteur atteint 146 m.

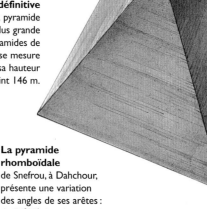

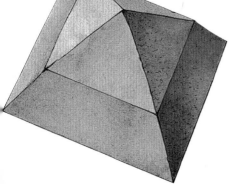

La pyramide rhomboïdale de Snefrou, à Dahchour, présente une variation des angles de ses arêtes : de 54°27' dans la partie basse à 43°22' au niveau supérieur. Sa base carrée mesure 188 m de côté. Elle culmine à 97 m.

LES TECHNIQUES

de construction des pyramides sont encore mal connues. Les hypothèses avancées sont très diverses et soulèvent de nombreuses objections.

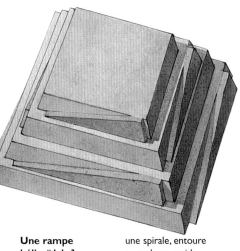

Des rampes à profil alterné ?

Sur chaque face de la pyramide part une rampe qui s'élève en zigzag jusqu'au sommet. *Objection* : la pente modérée convient au travail de revêtement, mais le système ne s'adapte pas à la construction.

Une rampe hélicoïdale ?

Une rampe unique, large de 15 m, avec une inclinaison de 5 à 7,5 qui, comme une spirale, entoure toute la pyramide. *Objection* : comment résoudre le problème des angles, surtout près du sommet ?

Une rampe perpendiculaire ?

Pour conserver une pente de faible inclinaison le long de laquelle on puisse hisser les énormes pierres, on prolonge la rampe au fur et à mesure que la pyramide s'élève. *Objection* : pour atteindre le sommet du monument de Kheops, en conservant un angle constant de 10 à 12°, la rampe aurait mesuré plus de 1,5 km.

Le mystère du Sphinx

Le concept de « sphinx », créature à tête humaine et corps de lion, s'est affirmé juste avant le règne de Khephren. Pourquoi a-t-on réuni deux éléments, zoomorphe et humain, dans cette colossale sculpture en ronde bosse? Cela demeure encore obscur, et il n'existe aucun document de l'Ancien Empire qui en révèle la signification religieuse. Peut-être, dans sa posture de lion accroupi, le Sphinx devait-il veiller sur l'ensemble funéraire des pyramides? On a parfois attribué les traits de son visage à Khephren ou bien on y a vu une représentation de la divinité Harmakhis (Horus sur l'Horizon), mais, en fait, il s'agit probablement d'une image symbolique de la royauté. Pharaon, représenté sur de nombreuses tablettes très anciennes comme un lion furieux au milieu de ses ennemis, prend ici à nouveau cette apparence d'un fauve, gardant le seuil de son domaine dans l'Au-delà.

Lorsque Bonaparte arrive en Égypte, seuls la tête, le cou et une petite partie des épaules émergent des sables. Les ingénieurs français pour qui, comme pour tous les Européens, la culture égyptienne est encore inconnue, voient dans cette gigantesque tête de femme le signe zodiacal de la Vierge. Les travaux entrepris pour la dégager commencent en 1816, continuent après une interruption en 1853, sous la direction d'Auguste Mariette, et s'achèvent en 1866. On s'aperçoit alors que d'autres travaux du même genre ont déjà été entrepris à une époque ancienne. On découvre, entre les puissantes pattes antérieures de la statue, une stèle (aujourd'hui encore en

Un géant émergeant des sables, tel apparaît le Sphinx aux membres de l'expédition de Bonaparte. Le dessin en a été publié dans la monumentale *Description de l'Égypte.*

Impénétrable,
certes, le visage du Sphinx transmet néanmoins une précieuse information : de faibles résidus de couleur permettent de déduire qu'à l'origine l'énorme statue était entièrement peinte.

« Statue vivante »,
telle est la signification du mot égyptien *sherpankh* désignant la monumentale sculpture taillée dans une élévation naturelle de calcaire : 57 m de longueur pour une hauteur de 20 m.

place) apposée par Thoutmosis IV, pharaon de la XVIIIe dynastie, dont on sait peu de choses. Dans le texte, on peut lire que le dieu Horus est apparu en songe au roi pour lui demander de le libérer des sables qui l'entourent.

Paradoxalement, le nettoyage du monument a rendu plus difficile sa conservation. Le corps léonin est sérieusement menacé : l'antique mortier contient des sels dont l'accumulation provoque de nouvelles érosions lorsqu'ils sont dissous par l'humidité remontant du soubassement et qu'ils sèchent ensuite sous l'action du vent et du soleil. Quant à l'absence de nez, qui donne au visage du Sphinx cette expression mystérieuse devenue proverbiale, on l'attribue aux effets désastreux d'exercices d'artillerie des Mamelouks. Des fragments du nez se trouvent aujourd'hui au musée du Caire.

PREMIÈRE PÉRIODE INTERMÉDIAIRE

Avec la fin de la VIe dynastie, la Règle de Maât (ordre, sécurité et harmonie) se rompt, et le vieux système de pouvoir sombre dans un désordre général. Les disettes dues à une diminution des crues du Nil ont leur part dans cette décadence.

La décentralisation administrative voulue par Pépi II à la fin de l'Ancien Empire aboutit à une perte de pouvoir du roi. De représentants du souverain, les gouverneurs deviennent des princes locaux et provoquent la crise de la monarchie, qui touche les pharaons de la VIIe à la XIe dynastie. Ainsi s'ouvre la Première Période intermédiaire, commencée après 2200 av. J.-C. et dont la durée varie de beaucoup selon les auteurs : de cent à cent quatre-vingt-dix ans. D'après de rares documents, de lecture difficile, on présume que certains gouverneurs, particulièrement ceux d'Edfou, de Thèbes et d'Héracléopolis, ont alors créé leurs propres forces armées et se se sont disputé le pouvoir en des conflits ouverts. Chacun d'eux se

La bière, ainsi que le révèlent ces figurines de bois, est préparée par les femmes, qui passent au tamis de grands pains d'orge.

La farine est obtenue en écrasant le grain sur une meule avec un pilon de pierre, comme le montre cette statuette datant de 2200 av. J.-C.

proclame alors roi et instaure sa propre dynastie héréditaire. Pour compliquer la situation, le Delta est envahi par des hordes de nomades venus d'Orient, à la recherche de nouveaux et gras pâturages.

Les tombes de ces princes demeurent encore aujourd'hui les traces visibles de cette période. Elles s'élèvent non plus près de Memphis, devenue le siège de rois sans aucune autorité, mais sont éparses un peu partout en Haute-Égypte, d'Assouan à Abydos, en passant par Thèbes.

Ces tombeaux, devenus rupestres, n'exaltent plus par leur monumentale grandeur la divinité du pharaon, seul à accéder, avec sa caste, à la vie éternelle. La présence de sculptures mineures ou de simples stèles montre que le droit à l'immortalité s'est répandu au moins parmi ceux qui disposent de moyens économiques, ce qui marque un changement dans l'ordre social.

Le désordre et l'anarchie n'empêchent point cependant la réalisation de grands travaux : Khéti III creuse des canaux pour relier Memphis aux autres centres du Delta ; Mentouhotep Ier et Mentouhotep II (qui entreprend la réunification du pays) équipent de puits la route du Nil à la mer Rouge, le long des oasis, afin d'atteindre plus aisément les mines d'or et les carrières de basalte.

L'anarchie régnant à cette époque ne marque pas une véritable décadence : en bons administrateurs qu'ils sont, ces roitelets font bénéficier leurs domaines d'une remarquable prospérité économique. Si l'architecture et l'art figuratif déclinent, en revanche, la littérature fleurit, trouvant ses thèmes dans la nostalgie des splendeurs perdues et dans un pessimisme né de l'insécurité et de la misère. Le *Chant du harpiste*, une composition poétique de ce temps, est considéré comme un véritable chef-d'œuvre.

Le réunificateur
Mentouhotep II est représenté dans une pose statique qui n'a cependant rien de « primitif ». C'est tout au plus un signe de continuité et un hommage que l'artiste a voulu rendre au style de l'Ancien Empire.

Fresque de la tombe
d'un prince de la Première
Période intermédiaire
(vers 2100 av. J.-C.).
Le sacrifice d'un bœuf
est ici représenté avec
beaucoup de vivacité
et de naturel.

La sculpture
perd sa monumentalité
et sa « majesté ».
Les représentations
de la vie quotidienne
dominent, comme dans
cette statuette d'un paysan
avec un veau sur les épaules.

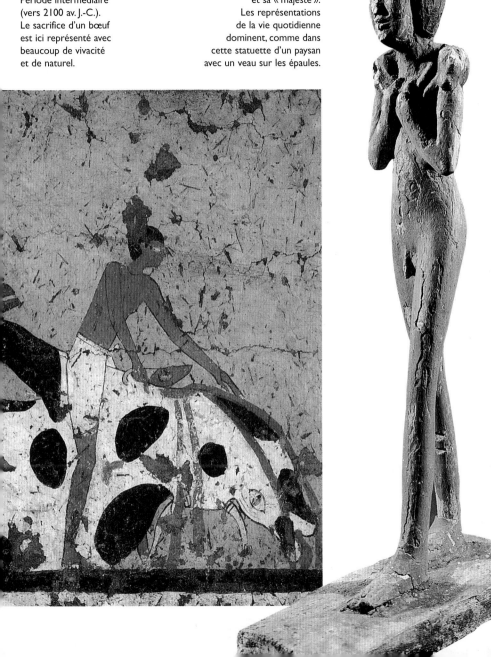

LE MOYEN EMPIRE

Malgré les événements qui ont mis fin à l'Ancien Empire, l'idée d'un pouvoir centralisé ne disparaît pas. Mais les nouveaux pharaons n'auront plus le contrôle absolu de l'État, comme leurs prédécesseurs de l'Ancien Empire.

L'unification de l'Égypte, entreprise par Mentouhotep II vers 2050 av. J.-C., a été achevée par les princes de la XIIᵉ dynastie originaires de Thèbes, en Haute-Égypte. Au Moyen Empire (1990-1785), cette ville devient en titre la capitale du pays, bien que les pharaons préfèrent résider dans diverses cités du Fayoum. Il semble que cette période n'ait pas connu d'accroissement démographique. Les sept rois de cette dynastie ont trois objectifs bien définis : affaiblir les chefs locaux pour restaurer la structure pyramidale de l'État ; accroître les moyens et les forces à leur disposition par une politique de bonification des terres et en ouvrant de nouvelles mines ; replacer le Levant sous l'égide de l'Égypte, afin de mieux contrôler les voies du commerce en Méditerranée orientale. Cette politique sera couronnée de succès.

LA RÉGION DU DELTA, ouverte sur l'extérieur, permet à l'Égypte, après des siècles d'isolement, de communiquer avec les peuples étrangers, mais c'est aussi la porte d'entrée d'accès facile pour les envahisseurs.

Memphis, bien que n'étant plus la capitale, doit à sa position clé au début du Delta son rôle économique de premier plan.

La barrière
contre les incursions des Libyens est constituée par les bras occidentaux du Delta.

La côte méditerranéenne,
basse et marécageuse, n'offre pas de possibilités de débarquement : les navires arrivant en Égypte doivent remonter le Delta jusqu'à Memphis.

La bonne terre
Des travaux de drainage et de bonification ont fait gagner à l'agriculture des champs, cultivés intensivement, qui alternent avec de riches pâturages.

Sous Sésostris III (1878-1842 av. J.-C.), les gouverneurs de provinces nommés par le roi ont remplacé les chefs locaux, de telle sorte que l'Administration paraît restaurée. De vastes zones du Fayoum sont ainsi fertilisées et bien cultivées. Avec l'aide de troupes enrôlées dans toute l'Égypte, le pays de l'or, au nord de la Nubie, est soumis.

En même temps, l'ancienne prédominance égyptienne sur le Levant, dont le centre est Byblos, est rétablie, et un rôle de premier plan dans les échanges avec la Crète est assuré. Pour défendre les frontières, les pharaons élèvent une série de fortins ceints de remparts autour de Suez (Mur-du-Prince) et à la frontière de la Nubie. Le Moyen Empire est une époque d'équilibre durant laquelle Amon, la divinité thébaine, est élevé au rang de dieu dynastique et connaît un grand renom. Une culture raffinée se développe, nourrie d'un certain pessimisme au regard de l'espèce humaine. Les témoignages architecturaux ont presque tous disparu, mais il reste de superbes chefs-d'œuvre de l'art statuaire, qui paraît complètement rénové. Dans les représentations du pharaon, on ne voit plus transparaître la force tranquille de l'Ancien Empire, mais une gravité qui semble indiquer une nouvelle conception du pouvoir. La leçon des événements de la Première Période intermédiaire a été reçue : les attributs divins ne suf-

Venu du Levant, un nomade asiatique apporte des marchandises en Égypte à dos d'âne.

Amenemhat III,
sixième pharaon
de la XIIe dynastie, règne
pendant le Moyen Empire,
de 1842 à 1797 av. J.-C.

Sésostris Ier,
second pharaon
de la XIIe dynastie,
est assis sur le trône
de 1961 à 1928
avant notre ère.

fisent plus au roi, il doit connaître ses sujets et bien faire son métier.

Les rapports avec l'extérieur

À l'abondance de la production agricole vient s'ajouter, au Moyen Empire, un artisanat florissant qui, dans les villes, consolide la formation d'une classe moyenne. L'Égypte de cette période, outre des excédents agricoles, fournit en abondance des produits artisanaux, que la consommation intérieure ne suffit pas à utiliser complètement, surtout quand il s'agit de marchandises de prix (pierres précieuses taillées, bijoux en or, onguents, parfums, fourrures, ébénisterie, etc.). Seul le commerce d'exportation vers d'autres pays – surtout les terres du Levant *(Khast)* et la Crète – peut constituer un débouché pour tous ces excédents, tant agricoles qu'artisanaux. Les navires phéniciens distribuent la production égyptienne dans tous les ports de la Méditerranée et rapportent en Égypte l'étain espagnol, le bois, l'argent. De la Crète, qui contrôle toutes les îles de la mer Égée, arrivent le vin, l'huile et les produits de son art raffiné. Pour stimuler les échanges, les Égyptiens permettent que

Le navire phénicien
est pansu, avec une proue et une poupe recourbées. Il est adapté aux longs parcours et peut traverser la Méditerranée.

Les Crétois
sont reconnaissables à leurs navires bas sur l'eau, avec une proue très allongée et deux voiles sur un mât unique.

Les taxes
en or ou en nature sont perçues par le scribe du port sur toutes les marchandises importées, qui doivent lui être déclarées et deviennent propriété du pharaon.

des bases commerciales permanentes phéniciennes, crétoises et syriennes soient établies dans le Delta.

Le Fayoum

Parmi les objectifs que les pharaons du Moyen Empire se sont fixés figure aussi la bonification des sols, afin d'agrandir

Les Phéniciens arrivent en longeant les côtes (cabotage) sur des navires dont la figure de proue est en forme de tête de cheval.

UN PORT SUR LE DELTA
Les premières affaires se traitent sur les quais, où les marins qui débarquent échangent leur paie (en blé, vin ou huile) contre des vêtements, des fruits, des légumes.

l'étroite bande de terres cultivables limitée à la vallée du Nil. Cette œuvre grandiose est entreprise par Sésostris II et poursuivie par ses successeurs. Un barrage édifié sur le Barh Youssouf règle l'écoulement du grand lac marécageux de Moeris (l'actuel lac Karoun) de la dépression du Fayoum. Grâce à un réseau bien étudié de canaux, on gagne tout alentour une vaste zone agricole qui, aujourd'hui encore, compte parmi les plus fertiles du pays.

L'oasis du Fayoum attire alors de nombreux colons, et l'on voit surgir des villages et de grandes fermes, des temples dédiés au dieu local Sebek, à tête de crocodile, puis des villas cossues où les

SIGNE EXTÉRIEUR DE RICHESSE
Posséder un domaine dans le Fayoum est la marque d'un rang social élevé. À part le pharaon et des membres de la famille royale, peu de nobles peuvent se le permettre : chaque parcelle de terre y coûte plus cher qu'une maison à Thèbes.

Le toit en terrasse
est un lieu de repos et de loisirs pour les domestiques et les enfants. À l'ombre des pergolas, on peut travailler, jouer à la balle ou se rafraîchir avec l'eau de la citerne, qu'un serviteur s'emploie à remplir.

pharaons eux-mêmes aiment à se retirer. Les souverains veulent aussi y avoir leurs sépultures, à nouveau construites en pyramides (qui combinent ingénieusement l'emploi de la pierre et des briques), avec un temple en annexe. C'est là une sorte de retour vers le passé, comme pour souligner la restauration analogue survenue dans la politique intérieure après le chaos de la Première Période intermédiaire.

La villa-ferme

Dans cette région du Fayoum devenue « à la mode » au Moyen Empire, apparaissent de vastes domaines agricoles, à la fois fermes et villas résidentielles. La partie ferme comprend plusieurs cours,

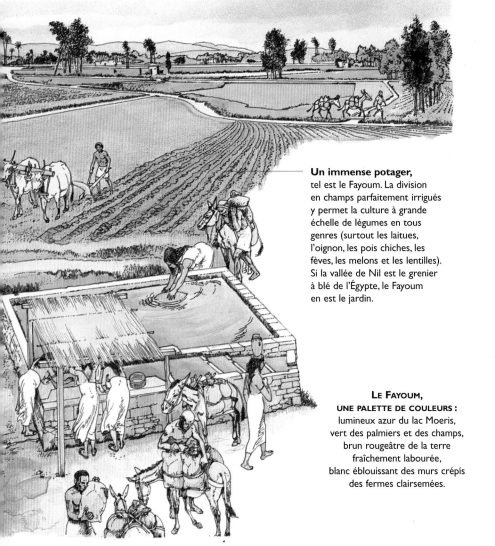

Un immense potager, tel est le Fayoum. La division en champs parfaitement irrigués y permet la culture à grande échelle de légumes en tous genres (surtout les laitues, l'oignon, les pois chiches, les fèves, les melons et les lentilles). Si la vallée de Nil est le grenier à blé de l'Égypte, le Fayoum en est le jardin.

LE FAYOUM,
UNE PALETTE DE COULEURS :
lumineux azur du lac Moeris,
vert des palmiers et des champs,
brun rougeâtre de la terre
fraîchement labourée,
blanc éblouissant des murs crépis
des fermes clairsemées.

avec les greniers, la cave sou-
terraine, les étables avec les
locaux pour l'abattage, les
ateliers et les laboratoires pour les bras-
seurs, les potiers, les menuisiers. Il y a
également le jardin, les enclos pour les
oies, les lavoirs, le four et la grande
citerne pour l'eau. Quant à la villa, au
plan rectangulaire et presque toujours à
un seul étage, elle possède une partie
destinée à la réception (atrium, vesti-
bule, salon, cours intérieures) et une
série de pièces plus petites servant d'habitation (chambre, bureau, salle de
bains, débarras, séjour).

Un grand jardin arboré, avec des terrasses et des vasques, entoure toute la
partie « publique » de la maison et s'y
intègre. C'est là, plus qu'à l'intérieur, que
se déroule la vie sociale. Les Égyptiens
aiment montrer non pas tant leur
richesse que la façon dont ils savent en
jouir. Vivre dans une belle villa signifie
« paraître », c'est-à-dire recevoir des
hôtes, les distraire, offrir des banquets et
des divertissements. Tout cela avec raffi-
nement, élégance, goût et équilibre.

La Nubie, ou pays de Koush

Outre le Fayoum, les nouveaux lieux
qui suscitent l'intérêt des Égyptiens se
situent en Nubie, surnommé le « pays de
l'arc » *(Ta-setj)* – sans doute en hommage à l'adresse des archers nubiens –
et surtout, pour les Égyptiens du Moyen
Empire et des époques suivantes, le
« pays de l'or », riche du précieux métal
mais aussi d'ivoire. Les territoires situés
au-delà de la 2e cataracte, vers le sud,
forment une région extraordinaire, à
part, dont les habitants ont été repous-
sés déjà sous l'Ancien Empire, en amont

QUE LA FÊTE COMMENCE !
Au coucher du soleil, les maîtres
de maison et les hôtes de la villa
se rendent au jardin, autour
des vasques de nymphéas,
parmi les plantes d'ornement
et les arbres fruitiers.

Les jeux de société
occupent les invités. Ils jouent
aux échecs ou bien, avec de
minces bâtonnets d'ivoire,
au jeu « du chien et
du chacal ». Les paris
vont bon train !

Un spectacle musical
divertit les hôtes. Vêtues
de voiles et de feuillages,
les jeunes filles dansent
harmonieusement au son
de la harpe, de la cithare
et de la flûte double.

Au menu du banquet :
tourtes de viande, rôtis
d'oie et de bœuf, poissons
du lac, fruits et légumes
du jardin, gâteaux de dattes
et de caroubes ;
bière et vin à volonté…

Au centre de Kerma, une étape commerciale, se dressent le temple principal et le pavillon circulaire destiné aux audiences.

Grandioses et puissantes, les forteresses sont, avec les temples et les pyramides, un autre domaine d'application de l'architecture égyptienne.

Plan d'Ouronarti, forteresse élevée sur une île du Nil.

de la 3ᵉ cataracte. Là, ils se sont fondus avec les populations locales et, à partir de 2400 av. J.-C., ont fondé un royaume bien organisé. Les expéditions militaires des Égyptiens ont pénétré dans la partie septentrionale de la Nubie et y ont établi une série de dix-huit forteresses, échelonnées le long du Nil entre l'île Éléphantine et la 3ᵉ cataracte. Les positions clés de ce système sont adossées à la 2ᵉ cataracte et ont pour points d'appui Ouadi Halfa, Ouronarti, Mirgissa et Semneh (aujourd'hui englouties dans le lac Nasser, mais reconstruites en partie à Khartoum). Un florissant centre commercial est fondé à Kerma, dans la Nubie méridionale encore indépendante.

La forteresse de Bouhen, face à Ouadi Halfa, a été construite tout en brique crue à l'époque de Sésostris Ier. Le fort rectangulaire a une enceinte extérieure crénelée, épaisse de 4 m et haute de 5, avec des bastions semi-circulaires en avancées. Elle enserre une seconde muraille, de 10 m de hauteur, qui comporte des bastions carrés.

Aux frontières, les forteresses sont souvent assiégées. Pour éviter qu'un fort ne soit pris à l'aide d'échelles ou par des brèches ouvertes dans les remparts, les Égyptiens n'hésitent pas à effectuer des sorties rapides et violentes.

OR ET PRESTIGE
Le territoire nubien offre peu de possibilités à l'agriculture, mais sa conquête apporte à l'Égypte de l'or, des épices, de l'ivoire, et un prestige militaire accru, propre à renforcer l'unité du pays.

DEUXIÈME PÉRIODE INTERMÉDIAIRE

L'Égypte ne reste pas longtemps unifiée. Une nouvelle crise fait suite, dont les causes nous sont inconnues. Cette seconde période de transition est marquée par la division du pays, une domination étrangère et une guerre de libération.

La richesse de l'Égypte n'attire pas vers son territoire que de nouvelles marchandises et de pacifiques délégations étrangères. En 1786 av. J.-C., avec la fin de la XIIᵉ dynastie (et du Moyen Empire), commence la Deuxième Période intermédiaire, phase tourmentée et peu connue de l'histoire égyptienne. Ce moment dure jusqu'à 1570 av. J.-C. Tout d'abord, l'Égypte se scinde une nouvelle fois entre une XIIIᵉ dynastie régnante au Sud et une XIVᵉ dynastie parallèle au Nord. C'est sans doute à la suite d'un processus de concessions royales, semblables à celles qui avaient causé la fin de l'Ancien Empire, que se reforment partout des principautés locales ; les empires syrien et nubien s'écroulent.

Cette scission affaiblit l'Égypte, qui se trouve peu préparée face au danger venu d'Orient. Certes, pendant des siècles et de temps à autre, des nomades s'étaient infiltrés dans le Delta à travers l'âpre région du Sinaï, à la recherche de pâturages pour leur bétail. Ils avaient été tolérés à condition qu'ils travaillent dur

DES PEUPLES NOUVEAUX
Des petites caravanes de bergers se présentent, de plus en plus nombreuses, à la frontière orientale de l'Égypte et demandent à s'installer dans les riches pâturages du Delta.

et qu'ils aient peu de prétentions. Mais la décadence du pouvoir central laisse peu à peu la voie libre à ces nomades : l'infiltration devient une vraie migration, qui se transforme en conquête armée.

L'invasion des Hyksos

Tout commence vers 2000 av. J.-C., quand se produisent de vastes mouvements de populations en haute Syrie. Des peuples descendent des hauts plateaux du Nord et bouleversent l'équilibre de tout l'Orient. L'onde de choc se produit en Égypte ; sur les routes des commerces, elle pousse une masse de nomades cananéens, déjà en partie égyptiannisés, appelés Hyksos *(hik-khase),* «souverains d'un autre pays».

Bienvenue aux pacifiques !
L'Égypte accueille volontiers les immigrants qui viennent pour travailler. Ils sont alors inscrits sur les registres des scribes.

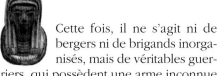

Cette fois, il ne s'agit ni de bergers ni de brigands inorganisés, mais de véritables guerriers, qui possèdent une arme inconnue dans la vallée du Nil : les chevaux. Attelés à des chars de guerre, ils sont lancés à l'attaque en charges foudroyantes et en incursions rapides. Les armées égyptiennes, uniquement constituées de soldats à pied (infanterie), ne peuvent s'opposer à cette nouvelle façon de faire la guerre.

Cependant, pour brutale qu'elle soit, l'invasion des Hyksos est surtout une avancée violente mais sans grandes batailles. Vers 1730 av. J.-C., ils se sont déjà emparés du Delta oriental et ont fondé une nouvelle capitale, Avaris (aujourd'hui Tell el-Daba). En 1674, ils ont étendu leur conquête à toute

LES HYKSOS n'éliminent pas les souverains indigènes vaincus, mais les soumettent à des impôts, ce qui en fait des princes tributaires.

Les chars de guerre chargent l'infanterie égyptienne, brisant leurs lignes de défense. Puis, par une manœuvre rapide, les Hyksos attaquent et dispersent les guerriers, qui s'enfuient, pris de panique.

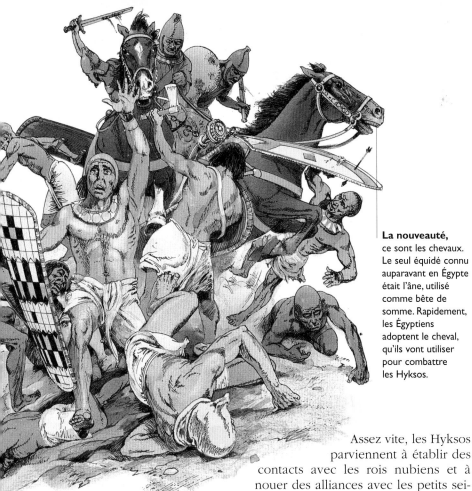

La nouveauté, ce sont les chevaux. Le seul équidé connu auparavant en Égypte était l'âne, utilisé comme bête de somme. Rapidement, les Égyptiens adoptent le cheval, qu'ils vont utiliser pour combattre les Hyksos.

l'Égypte, plaçant sous leur loi les princes locaux. Cependant, la domination des Hyksos ne se fonde pas sur l'exploitation des vaincus ou sur le brigandage. Désireux de s'installer durablement sur les territoires qu'ils ont envahis, ils aspirent à devenir de véritables Égyptiens. Ils entendent aussi créer leurs propres dynasties, dénommées XVᵉ et XVIᵉ, car elles succèdent aux XIIIᵉ et XIVᵉ dynasties égyptiennes.

Assez vite, les Hyksos parviennent à établir des contacts avec les rois nubiens et à nouer des alliances avec les petits seigneurs locaux qui ont échappé à leur contrôle militaire. Les rois de Thèbes se trouvent ainsi pris en tenaille et, vers 1650, se rebellent. Une guerre de libération s'engage, déclenchée par Kamôsis, dernier pharaon de la XVIIᵉ dynastie, et terminée par Ahmosis (vers 1550), fondateur de la XVIIIᵉ dynastie. C'est durant la période de domination des Hyksos que les tribus juives de Jacob émigrent en Égypte ; elles y demeureront pendant quatre cents ans.

LE NOUVEL EMPIRE

Le Nouvel Empire ouvre des siècles de splendeur. L'Égypte sort de son immobilisme et se place sur le devant de la scène internationale. Mais elle doit affronter les peuples du Proche-Orient, très évolués sur les plans politique et militaire.

Le Nouvel Empire commence avec la fin de la guerre de libération contre les Hyksos (1570-1085 av. J.-C.). C'est une période de splendeur et de prospérité. La population de cette époque est évaluée entre 5 et 8 millions d'habitants.

Les pharaons mènent une politique impérialiste en soumettant par la force des peuples voisins, en concluant des alliances politiques et en nouant des liens dynastiques avec les grands États d'Asie Mineure et de Mésopotamie (les empires babylonien, assyrien et hittite), enfin en mettant au point un vaste réseau de relations commerciales avec tous les pays de la Méditerranée orientale, ce qui assure en majeure partie la grande richesse de l'Égypte. Cette nouvelle politique est mise en œuvre par Thoutmosis Ier, troisième pharaon de la XVIIIe dynastie, qui s'empare de la partie de la Nubie s'étendant jusqu'à la 4e cataracte. Il en confie le gouvernement à un vice-roi, personnage nouveau dans l'histoire égyptienne. Après la mort de son successeur, Thoutmosis II, un événement unique se produit : l'accession de sa veuve, la reine Hatshepsout, au trône de pharaon.

Abou-Simbel
Tête de l'un des colosses ornant la façade du temple rupestre de Ramsès II, lors de son surélèvement rendu nécessaire par la construction du barrage d'Assouan.

LE CŒUR DE L'EMPIRE
Tandis que les guerres impériales
se déroulent au nord, le cours
moyen du Nil demeure le centre
de la vie politique et religieuse.
Pendant un temps assez bref,
Thèbes est supplantée dans son
rôle de capitale par Tell el-Amarna.
Abou-Simbel est la porte
de la Nubie.

Néfertiti
règne au XIVe siècle avant notre ère
au côté de son mari Aménophis IV,
qui, sous le nom d'Akhenaton,
établit sa capitale à Tell el-Amarna.
(Musée de Berlin.)

Thèbes
Restes du temple
funéraire de Ramsès II,
connu sous le nom
de Ramesseum,
à Thèbes-Ouest.

 Pendant deux décennies de paix et de prospérité, Hatshepsout gouverne au nom de son beau-fils Thoutmosis III, lequel accède au trône en 1504. Sous le règne de ce pharaon, considéré comme le plus grand peut-être de l'histoire égyptienne, la politique impérialiste, accompagnée d'une activité intense aux frontières orientales, atteint son point culminant.

Après avoir défait, lors de la bataille de Megiddo, une coalition de villes phéniciennes et palestiniennes, Thoutmosis III mène en Asie dix-sept campagnes militaires qui lui permettent de soumettre les villes de Phénicie et de s'aventurer au-delà des rives de l'Euphrate.

Pour la première fois, un souverain d'Égypte devient l'arbitre de la politique internationale. Des ambassades de tout le Proche-Orient viennent à lui, puis à ses successeurs, Aménophis II, Thout-mosis IV et Aménophis III. Le prestige de la dynastie est encore accru par une habile politique de mariages avec des princesses étrangères. À cette période, la suprématie de l'Égypte s'étend aussi sur Chypre et la Crète. Mais, avec l'accession au trône d'Aménophis IV, s'ouvre une crise qui, les guerres terminées, conduit le souverain à exercer lui-même la fonction de grand-prêtre.

Séti Ier,
le père de Ramsès II, est l'un des grands pharaons du Nouvel Empire (XIXe dynastie). Il est représenté page de gauche devant la déesse Hathor.

Thoutmosis III,
magnifique pharaon de la XVIIIe dynastie, compte parmi les plus grands conquérants de l'Antiquité.

Dans la nécropole de Deir el-Bahari, le grandiose temple mortuaire de la reine-pharaon Hatshepsout, édifié par le grand architecte Senmout, est en partie creusé dans la montagne dominant une vaste plaine pierreuse. Il compte trois immenses terrasses, des rampes, des portiques, et était jadis orné de statues et de fresques splendides.

Thèbes

La capitale est la résidence du souverain, entouré comme on l'a dit d'une organisation administrative pyramidale. Outre les fonctionnaires, les prêtres et les militaires – auxquels s'ajoutent les vétérans des guerres de conquête –, Thèbes attire tous ceux qui, désireux de s'élever dans l'échelle sociale, savent profiter des occasions offertes par un empire en expansion. Plus qu'à toutes autres périodes, l'afflux croissant des plus compétents vers les fonctions de commandement accélère la mobilité sociale. Cette classe moyenne se consacre à la production des biens et au commerce favorisé par l'impérialisme de l'État ; elle enrichit la cité, qui devient le principal centre culturel et artistique de l'Égypte. La partie principale (et la plus ancienne) de Thèbes s'étend le long de la rive droite du Nil, autour des grands temples de Louxor et de Karnak, consacrés au culte d'Amon. Ces ensembles de temples sont la marque du Nouvel Empire, tout comme les pyramides de Memphis l'avaient été pour l'Ancien Empire. Sur la rive gauche (Thèbes-Ouest), au-delà de quelques bourgades peuplées d'ouvriers et de paysans, se dressent les temples funéraires et les nécropoles des pharaons et de leurs épouses. Le cours du Nil sépare donc le monde des vivants de celui des morts.

La Cour

La « Grande Maison » est l'habitation privée et le palais où vit et règne le

THÈBES, LA CITÉ D'AMON
C'est ainsi que les Égyptiens du Nouvel Empire nomment leur capitale *(Niut-Amon),* dont dérive le nom biblique de Thèbes.

Les rues
sont étroites et très encombrées, comme celles d'un quelconque village.

Les habitations
sont à un ou plusieurs étages,
avec un toit en terrasse. Les
fenêtres, simples prises d'air
et de lumière pour maintenir
un peu de fraîcheur, sont
closes par des volets de bois.
Il n'existe pas de quartiers
riches et pauvres.

Au marché,
on échange les produits
arrivant chaque jour
de la campagne, ainsi que
le poisson du Nil et du bétail.

pharaon. Il y est entouré de sa famille – deux ou trois reines (la reine mère, l'épouse du roi et la « grande épouse du roi », mère des héritiers du trône), ses concubines et leurs nombreux enfants, des proches qu'il considère comme des intimes. Sa Cour comprend des fils de souverains alliés que Thèbes a pris en otages, des hauts fonctionnaires, des chefs militaires qui se sont distingués à la guerre, les serviteurs de la famille royale (majordomes, valets de chambre, coiffeurs et parfumeurs, manucures, médecins, etc.), des artistes et des artisans (sculpteurs, ébénistes, orfèvres, tailleurs, etc.) et, enfin, nombre de nobles dames, épouses des hauts dignitaires qui forment une véritable corporation sous la protection d'Hathor, la déesse-vache nourricière du roi. Pharaon est un personnage intouchable et

Les symboles du pouvoir politique de Pharaon sont la couronne bleue et le *héqa* (sceptre), dans sa main droite, tandis que la croix *(ankh),* qu'il a dans la main gauche symbolise la vie qu'il peut donner ou ôter.

LE CÉRÉMONIAL ROYAL
Tout acte de Pharaon est fastueusement mis en scène : le dieu vivant se donne à voir.

L'hommage des puissants dignitaires de la Cour, des épouses et des concubines de la Grande Maison : tous s'inclinent au passage du pharaon triomphant, auquel ils doivent tout.

Trônant sur un palanquin, Pharaon accompagne au temple les offrandes destinées chaque jour à la divinité.

lointain, même pour les courtisans qui se disputent le moindre signe de considération de sa part. Le dieu-roi maintient une distance absolue à l'égard de ses sujets et n'apparaît en public que lors des célébrations solennelles, réglées par un cérémonial rigide.

Le développement de l'artisanat

La condition des artisans change considérablement pendant le Nouvel Empire. Ils forment une classe « moyenne » bien intégrée à la vie économique du pays, bien qu'un grand nombre d'entre eux (menuisiers, sculpteurs, peintres, fondeurs, etc.), tout comme aux époques précédentes, dépendent de la cour ou

LA FAÏENCE
Les Égyptiens ne connaissent
ni le verre soufflé ni le verre coloré,
mais une pâte de verre (dite faïence)
dont ils obtiennent des fils
ou des tiges pour entourer
une forme en terre cuite.

À la portée de tous
sont les objets d'usage courant,
aux couleurs vives, aussi bien
que les statuettes magiques
et religieuses, le tout réalisé
en pâte de verre.

Les maîtres « verriers »
font fondre dans de grandes
cuves de matériau réfractaire
un mélange de silice et de
chaux, ajouté à de la soude,
de la potasse et du plomb.

du temple. On voit aussi se transformer ou se renouveler les techniques de travail de certains artisans, au contact d'autres civilisations et d'autres peuples annexés à l'Empire, qui font connaître à l'Égypte de nouveaux matériaux et des façons de faire différentes. C'est le cas du travail du fer, appris des Hittites durant les campagnes de Thoutmosis III et de ses successeurs ; ou encore de l'art de la pâte de verre provenant de Phénicie et de Mésopotamie.

Le temple

Le temple se trouve au cœur d'un groupe d'édifices ; c'est la demeure du dieu et des pharaons. Sa structure est immuable, car elle est supposée avoir

La cuisson
des vases, amulettes, petites statues en pâte de verre se fait à haute température dans des fours coniques.

Un artisanat raffiné :
la confection de petits flacons pour parfumerie, articles d'exportation parmi les plus recherchés.

été donnée par les dieux, qui ont même indiqué les dimensions des murs. Le sanctuaire se trouve au point le plus haut et le plus sombre de tout le temple ; c'est là que le *kâ* (l'esprit) de la divinité se manifeste, évoqué par sa statue. En théorie, seul le roi peut se tenir en présence du dieu ; en pratique, il délègue ses pouvoirs à un grand prêtre, ou « premier serviteur du dieu », sous la direction duquel travaillent de nombreux autres prêtres (archivistes, spécialistes en textes anciens, administrateurs, surintendants, etc.), ainsi que des artisans et des agriculteurs.

Après la parenthèse du Moyen Empire, pendant lequel les privilèges des prêtres sont allés en s'amenuisant, les temples du Nouvel Empire possèdent de grandes propriétés foncières, souvent dispensées d'impôts par décret royal, qui produisent du blé, des fruits et des légumes, ainsi que le fourrage du bétail destiné au dieu et la nourriture du personnel préposé au culte.

Sous le règne de Ramsès II, plus de 80 000 hommes, s'occupant de 400 000 têtes de bétail, travaillent au temple de Karnak. Les grands prêtres de Thèbes deviennent si puissants qu'ils occupent des charges civiles transmissibles à leurs héritiers. Il se crée alors une tension permanente entre la monarchie et le clergé d'Amon, qui tente de constituer un État religieux dans l'État.

KARNAK
est la zone sacrée de Thèbes, où se dresse le principal temple d'Amon. C'est, à l'origine (XIIe dynastie), un ensemble modeste, mais, avec les divers ajouts apportés par chaque pharaon du Nouvel Empire, il atteint des dimensions gigantesques.

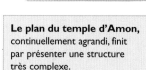

Le plan du temple d'Amon, continuellement agrandi, finit par présenter une structure très complexe.

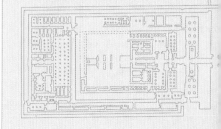

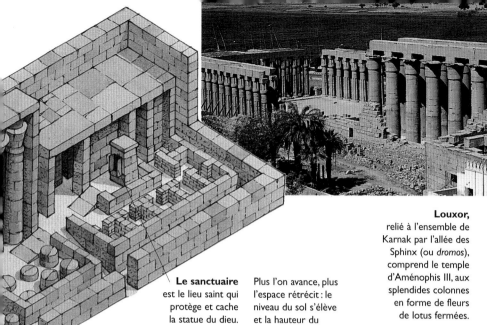

Le sanctuaire est le lieu saint qui protège et cache la statue du dieu. Il est entouré de chambres latérales où sont conservées les richesses du temple.

Plus l'on avance, plus l'espace rétrécit : le niveau du sol s'élève et la hauteur du plafond s'abaisse, pour créer une sensation d'intimité et de mystère.

Louxor, relié à l'ensemble de Karnak par l'allée des Sphinx (ou *dromos*), comprend le temple d'Aménophis III, aux splendides colonnes en forme de fleurs de lotus fermées.

La cour antérieure est à ciel ouvert, avec des colonnes alignées le long des murs. On y accède par une porte extérieure colossale appelée *pylône*.

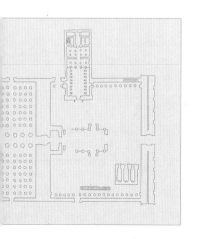

Les colosses de Memnon, statues monolithiques de quartzite hautes de 15 m, sont tout ce qui subsiste du temple funéraire que le roi Aménophis III s'est fait construire à l'ouest de Thèbes.

Les rites

Seuls les prêtres de rang supérieur peuvent approcher la statue du dieu auquel, trois fois par jour, ils apportent nourriture et boissons. Le grand prêtre, ou le roi s'il est présent, tire les verrous de la porte du sanctuaire et pénètre seul à l'intérieur. Tout d'abord, il retire l'habit qui couvre la statue et la lave à l'eau et au natron, puis il applique délicatement une sorte de peinture sur les yeux du dieu, qu'enfin il revêt d'une étoffe de lin propre. Ensuite, tout en prononçant les formules rituelles, il évoque le *kâ* et offre la nourriture et les boissons qui constituent le repas divin. Quand la cérémonie se termine, les portes du sanctuaire sont scellées à la craie jusqu'au repas suivant, et le grand prêtre fait disparaître toute trace de présence humaine en effaçant derrière lui l'empreinte de ses propres pas sur le sable. À l'occasion des fêtes les plus importantes, la statue du dieu est exposée sur une barque de cérémonie en bois doré, portée sur les épaules des prêtres qui font le tour des murs à l'extérieur du temple, afin que le peuple puisse lui rendre hommage.

L'école du temple

Il existe, dans toutes les enceintes de temples, une école, ou « Maison de vie ». Ce sont en fait les archives du temple, où sont copiés, pour pouvoir les léguer et les étudier, des textes religieux ou didactiques, des récits et des autobiographies, des traités scientifiques, des textes d'astronomie. On peut donc considérer la Maison de vie comme une espèce d'université où les observations faites au cours des siècles et les infor-

Le grand prêtre revêt les habits sacrés pour exercer sa fonction, qui est de pourvoir aux besoins quotidiens du dieu, tout comme le chambellan de la cour sert le roi.

Le sanctuaire,
inaccessible à tous, hors Pharaon et les grands prêtres, n'est pas la partie la plus riche et la plus fastueuse du temple : l'intimité et l'austérité conviennent au *kâ* du dieu.

mations recueillies par de nombreux savants sont élaborées et utilisées pour de nouvelles recherches.

Mais que peut donc bien apprendre dans l'école d'un temple un étudiant en médecine, un astronome en herbe ou un jeune lettré qui veut se faire connaître par ses écrits ?

La médecine (comme la magie) est étroitement liée aux pratiques religieuses et se fonde sur des rites et des formules codifiées. Les connaissances dans le domaine médical sont cependant très avancées,

Pour les pharaons défunts,
dont les noms sont gravés sur un mur et qui seront invoqués un à un, on dispose dans le sanctuaire les aliments qui, après le repas du dieu, leur seront offerts par le grand prêtre.

LE DIEU SE MANIFESTE
En silence, dans l'obscurité de la partie la plus cachée du temple, le *kâ* du dieu est invoqué trois fois par jour : le matin, au crépuscule et le soir, pour qu'il puisse se nourrir.

comme le prouve le *Papyrus Ebers,* un recueil de cas cliniques dans lequel la maladie est décrite au vu des symptômes et de son évolution. Le médecin égyptien pense que le centre de la vie est le cœur, dont il sait que les battements sont perçus par la prise du pouls. La chirurgie n'est pas inconnue, car la pratique de la momification rend les Égyptiens experts en anatomie. Les blessures sont fermées en brûlant les tissus au fer rouge ou en cautérisant les plaies avec des substances caustiques, ou encore en les suturant par des points ou une sorte d'emplâtre. L'anesthésie s'obtient par ingestion d'un somnifère au pavot, c'està-dire pratiquement à l'opium.

Pour ce qui est de la littérature, on utilise dans les écoles les textes «de sagesse», une série de maximes ou d'enseignements transmis depuis les siècles les plus reculés, qui suggèrent au lecteur le bon comportement à observer dans la vie. Le plus ancien des livres de sagesse que l'on puisse trouver dans une bibliothèque de ce temps est *l'Enseignement de Ptahhotpe,* datant de l'Ancien Empire, une espèce de guide pratique promettant le succès par la bonne éducation, le respect de la hiérarchie et la modération. D'autres exemples célèbres de littérature à consulter et à méditer : le *Chant du harpiste,* la *Satire des métiers* et la très célèbre *Histoire de Sinouhé.* En regard de cette production apparaît, sous le Nouvel Empire, une littérature que l'on pourrait qualifier aujourd'hui de «littérature d'évasion», faite de chroniques de guerre (qui ne peut faire défaut dans un

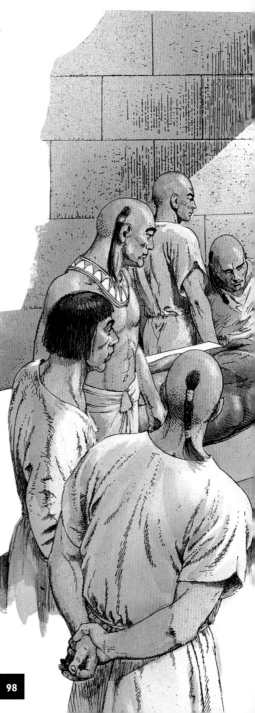

UNE MÉTHODE MODERNE
Comme leurs confrères d'aujourd'hui,
les médecins égyptiens identifient
la maladie sur la base des symptômes
(diagnostic) et en prévoient le cours
et l'issue (pronostic).

LA FACULTÉ DE MÉDECINE
À l'école de médecine du temple,
les étudiants reçoivent
l'enseignement de professionnels
hautement spécialisés, célèbres et
appréciés même à l'étranger.

empire tout entier tourné vers la conquête) et de poèmes d'amour, qui fleurissent facilement à une époque d'abondance et d'ordre social.

Les étudiants désireux de se consacrer à l'étude de l'astronomie sont moins avantagés dans les écoles du temple, car les Égyptiens ne réussiront jamais à égaler dans ce domaine leurs voisins sumériens et babyloniens. Pourtant, durant le Nouvel Empire, des études et des informations ont certainement été échangées. La plus grande contribution des Égyptiens à cette matière est la division du jour et de la nuit en 12 parties égales et le calendrier solaire de 365 jours. L'observation des étoiles les conduit à distinguer les étoiles visiblement mobiles de la bande équatoriale (qu'ils appellent « infatigables ») des étoiles fixes circumpolaires (qu'ils appellent « immortelles »). Avec ces deux catégories, ils construisent des figures de forme humaine ou animale (une sorte de zodiaque), liées à la mythologie ou à la religion.

Voilà ce que l'on peut apprendre dans la Maison de vie, mais la formation théorique, hier comme aujourd'hui, ne suffit pas. Les aspirants médecins mettent à l'épreuve leurs connaissances dans les armées impériales ; les littéraires partent à la recherche d'un riche protecteur à aduler et à divertir par leurs compositions ; la majeure partie des savants astronomes se perd souvent dans un labyrinthe de théories.

Et si le succès ne vient pas, il reste toujours la possibilité d'être scribe ou prêtre du temple ou du sanctuaire, dont la puissance se mesure au nombre de ses servants.

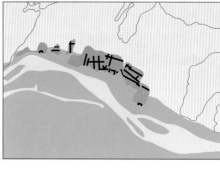

L'« Horizon d'Aton » : ce plan montre l'extension originelle de la cité d'Akhetaton. Il n'en demeure aujourd'hui que les contours nus des remparts.

Akhenaton s'est fait représenter dans un style artistique nouveau, réaliste et humain, bien différent des traits idéalisés et stéréotypés des époques antérieures.

La crise religieuse

L'Égypte est à son zénith lorsque toute la structure religieuse est brusquement ébranlée. Le roi Aménophis IV déclenche une crise religieuse violente et se désintéresse désormais totalement de l'empire oriental.

Le sanctuaire thébain avait acquis, durant la seconde partie de la XVIIIe dynastie (1425-1320 av. J.-C.), une autonomie et un poids excessifs qui le posaient en rival de l'État.

Aménophis IV, qui gouverne de 1379 à 1362, tente de remédier à cette situation dangereuse, créée par l'attribution de très hautes charges et de dons importants aux grands prêtres par les pharaons. Il prive le premier grand prêtre d'Amon de ses possessions et met au point une réforme religieuse qui ébranle toute la structure administrative. Il remplace le culte polythéiste d'Amon par celui, monothéiste, d'Aton, une divinité existant déjà mais peu connue, représentée par le disque solaire et conçue comme une force de la nature bienveillante et universelle. Le roi change son nom d'Aménophis (« Aimé d'Amon ») en Akhenaton (« Celui qui plaît à Aton ») et abandonne Thèbes pour fonder une nouvelle capitale, Akhetaton (« Horizon d'Aton »), près de l'actuelle Tell el-Amarna (370 km au nord de Thèbes). Mais une réforme religieuse d'une telle portée ne convient pas à un peuple profondément traditionaliste. Elle suscite de telles résistances que, dix ans plus tard, Aménophis, soutenu par son épouse Néfertiti, se voit contraint de regagner Thèbes et de restaurer le culte d'Amon.

Les institutions revenues à la normale, Ramsès II dispute aux Hittites le contrôle de la région syro-palestinienne, puis établit entre les deux puissances une longue période de paix. La richesse des monuments funéraires et les temples d'une grandeur sans précédent, édifiés par tout le pays et en particulier à Thèbes, la magnifique capitale, sont le reflet des immenses richesses produites par le butin des guerres victorieuses et par les impôts levés sur les provinces.

En 1165, Ramsès III (XXᵉ dynastie) sauve l'Égypte d'un nouveau péril venu des Peuples de la Mer.

Mais, sous le règne de ses successeurs, de nouveaux désordres intérieurs entraînent la perte de la Palestine et de la Nubie.

Pour Aton
La famille royale de Tell el-Amarna s'offre à Aton, qui la reçoit et la sanctifie par ses rayons lumineux.

La belle Néfertiti aurait servi de modèle pour cette délicate et réaliste sculpture d'un corps féminin enveloppé d'un léger tissu plissé.

La Vallée des Rois

Le successeur d'Akhenaton, le jeune Toutankhamon, a restauré le culte d'Amon. Son règne a été très court (il est mort à dix-huit ans), mais il a eu le temps de se faire le défenseur de l'Égypte contre les menaces venues de l'extérieur et de regagner les positions de l'Est et de la Nubie.

Son nom reste dans l'histoire grâce à la célèbre découverte de la Vallée des Rois, dans la plaine qui s'étend entre le Nil et le désert de Libye. C'est à Thoutmosis Ier que l'on doit ce nouveau type de

Le rêve de tout archéologue, c'est l'Anglais Howard Carter qui le réalise, le 27 novembre 1922,

quand il pénètre dans une tombe intacte de la XVIIIe dynastie. Il faut trois mois pour déblayer l'antichambre

et une petite salle latérale murée ; puis la chambre funéraire est ouverte. Elle renferme cinq coffres placés l'un dans l'autre, le dernier contenant

trois sarcophages encastrés. Dans le dernier repose la momie du jeune pharaon Toutankhamon tel qu'elle y a été déposée il y a trente-trois siècles.

Le somptueux masque en or massif
– la chair des dieux –, rayé de pâte de verre bleue et incrusté de pierres semi-précieuses, porte au front l'*uraeus* (cobra) royal et une tête de vautour, symboles des deux divinités Nehkbet et Ouadjyt, et la barbe postiche cérémonielle.

ment recluse. Le village, entouré d'une grosse muraille de brique et de boue, percée d'une seule porte d'accès, abrite jusqu'à 1 000 personnes, dont seule une partie travaille à la nécropole. Les manœuvres, terrassiers, contremaîtres, architectes, sculpteurs et peintres côtoient les scribes chargés de l'organisation du travail et les responsables des magasins remplis de matériaux (pigments colorés, outils de cuivre, bois pour les échafaudages, etc.), les employés aux services communs comme les porteurs d'eau et les gardiens du bétail, les femmes qui cultivent le blé pour le pain et l'orge pour la bière. Tous les autres biens de consommation, le principal étant le sel, viennent de l'extérieur et constituent le salaire des travailleurs. Constructeurs des demeures éternelles et conscients de leur importance, les ouvriers de Deir el-Medineh savent faire valoir leurs droits et, dans des situations extrêmes, vont

Les maisons
en briques crues blanchies, au sol en terre battue et au toit en terrasse, sont disposées en quinconce. Chacune est habitée par une seule famille.

Deux rues
principales, que révèle cette vue aérienne des fouilles, traversent le village, du nord au sud et d'est en ouest.

Les peintres et les graveurs
divisent le mur en carrés
pour agrandir, selon
le principe des proportions,
les contours du modèle
préalablement esquissé par le
« scribe peintre » sur une tablette
ou sur une feuille de papyrus.

jusqu'à faire grève. Avant d'être abandonné vers 1080 avant notre ère et oublié sous les sables, Deir el-Medineh connaîtra cinq cents ans d'activité.

Les décorations des tombes royales

Dans les tombes de la Vallée des Rois, les ouvriers travaillent à la chaîne. Tan-

dis qu'une équipe est à l'œuvre, une autre étend déjà le stuc sur les parois, pour que les peintres y agrandissent le modèle que l'artiste a dessiné sur une feuille de papyrus. La peinture, qui, dans les époques les plus anciennes, était considérée comme un complément de la sculpture et du bas-relief, joue un rôle à part entière sous le Nouvel

Empire. Les sujets religieux sont quasi obligatoires et liés à des traditions figuratives vieilles de plusieurs siècles. Mais une plus grande liberté est accordée aux représentations de la vie quotidienne, plus réalistes et plus vivantes, dans lesquelles les artistes expérimentent des solutions nouvelles, comme la vision de trois quarts. Les détails sont particulièrement soignés, et ils constituent pour nous des sources fiables de connaissances. Sans les peintures tombales mises au jour, nous ne saurions rien ou presque des habits, des coiffures, des mets, des ustensiles, des activités, des distractions de ce peuple et de sa civilisation raffinée.

La guerre contre les Hittites

Sous la XIXᵉ dynastie, la puissance égyptienne se heurte à celle des Hittites, un peuple indo-européen possédant des armes de fer et établi en Anatolie

Les couleurs de base de la peinture à la détrempe sont obtenues avec le noir de charbon, le blanc de chaux, le bleu du lapis-lazuli, le vert de la malachite, le rouge et le jaune de l'ocre.

Les proportions du corps humain, du haut du front à la plante des pieds, s'inscrivent dans une grille de 18 carrés de hauteur : deux carrés pour le visage et le cou, quatre des épaules à la taille ; trois de la taille au pubis, huit pour les jambes jusqu'aux chevilles ; un carré donne la hauteur du talon, dimension d'ailleurs égale à celle de la paume de la main. Le bras occupe quant à lui cinq carrés verticaux, tandis que les épaules en couvrent six horizontalement. Il en faut trois pour la plante des pieds.

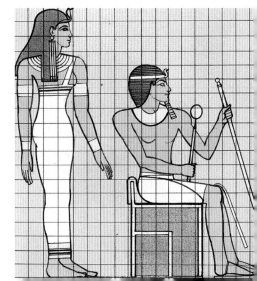

Un combat inégal
oppose à la bataille
de Qadesh l'armée
égyptienne aux
troupes hittites.
La première compte
20 000 hommes, mais
seulement 50 chars de
guerre, le tout réparti
en 4 divisions (Amon,
Rê, Ptah et Seth).
Quant à l'armée
hittite, conduite
par Mouwatalli,
elle n'aligne que
16 000 hommes,
mais 2 500 chars.
Les Égyptiens
l'emportent de justesse,
et l'événement sera
célébré comme une
victoire éclatante.

Des armes de bronze, dagues et cimeterres courts aux manches damasquinés équipent les Égyptiens, qui, au contraire des Hittites, ne travaillent pas le fer.

Ramsès II, sur son char de guerre tiré par des chevaux empanachés, mène l'attaque avec la division Amon.

Il est coiffé de la couronne de combat, mais, en signe de mépris envers l'ennemi, ne porte pas d'armure.

depuis le XVIIe siècle av. J.-C. Déjà, sous Aménophis IV, les Hittites avaient entrepris des campagnes dans le Levant, jusqu'au Liban. La tâche de mettre un terme à leur expansion revient à Séti Ier (1294-1279 av. J.-C.), puis à Ramsès II (1304-1236), qui les bat à Qadesh, sur l'Oronte, en 1299. La paix est alors conclue entre Ramsès II et Hattusil III, qui donne sa fille en mariage au pharaon.

Les Peuples de la Mer

Les deux empires voient se profiler à l'horizon une nouvelle et terrible menace : l'arrivée des Peuples de la Mer. Il s'agit d'une confédération de tribus guidées par les Achéens et dont les noms dénotent l'origine méditerranéenne : Sardes, Siciliens, Lyciens, Danaens (Argolide), Tyrrhéniens, Philistins ou Palestiniens. Les Peuples de la Mer migrent, en quête de nouveaux territoires, avec femmes, enfants, biens et dieux, tant ils sont certains de remporter la victoire. Ils provoquent, en 1200, l'effondrement de l'Empire hittite avant de se tourner vers les terres du Delta. Le dernier grand souverain d'Égypte, Ramsès III (XXe dynastie, 1194-1163), les repousse définitivement.

Armes et armées

Les armées qui ont écrasé les Hittites et combattu les Peuples de la Mer sont formées de soldats de métier, militaires de père en fils. Le scribe recruteur enrôle périodiquement de nouveaux

Ramsès III mène une grande bataille pour empêcher les Peuples de la Mer d'envahir l'Égypte. Bas-relief du temple funéraire du pharaon à Médinet Habou (Thèbes-Ouest).

éléments, qui sont entraînés dans des casernes par des instructeurs exigeants. Le chef suprême de cette armée « nationale » – organisée de façon bureaucratique, au modèle de l'administration – est le pharaon, auquel sont soumis un « grand recteur des soldats », les généraux, les capitaines de compagnie et les porte-drapeaux commandants de pelotons. Ces derniers portent les étendards du bataillon, aux emblèmes totémiques des anciennes provinces. Les troupes sont organisées en divisions. Armés d'une dague et d'une lance, protégés par un bouclier de peau tendue, les fantassins portent un casque de cuir et une tunique de lin. Les cuirassiers sont montés sur de légers et rapides chars de guerre aux roues à rayons, renforcés par quelques éléments de cuir ou de métal et tirés par deux chevaux (leçon apprise des Hyksos). Viennent ensuite les archers et différents corps d'assaut, armés de haches, de boucliers et de boomerangs. Le cimeterre court, la cuirasse à écailles métalliques et le casque de métal dit « couronne bleue » sont réservés au roi. L'armée est complétée par les immanquables scribes, dont dépendent les fourriers commis à l'administration et au ravitaillement, par les trompettes, qui transmettent les ordres, et par les estafettes. Les troupes peuvent compter sur leur solde, mais aussi sur la répartition du butin et sur de riches récompenses :

les décorations consistent en lourds colliers et bracelets d'or, dont les plus recherchés sont les « mouches », bijoux qui confèrent un prestige dépassant de beaucoup leur valeur en or. Parfois, les prisonniers (hommes et femmes) sont laissés comme esclaves à ceux qui les ont capturés, mais, en général, ils sont intégrés à la population et considérés comme des sujets du pharaon, avec tous les effets qui en découlent. Les batailles sont souvent de grands chocs frontaux, où les officiers doivent faire preuve d'habileté, d'entraînement, de discipline

BATAILLE DE QADESH
1299 av. J.-C.

Première phase
Les chars hittites attaquent par le flanc et enfoncent la division Rê : les survivants, poursuivis par les ennemis, tentent de gagner le camp de Ramsès et la division Amon (1). Les divisions Ptah et Seth sont encore loin (2).

Seconde phase
Les Égyptiens se réorganisent : ils repoussent et dispersent l'ennemi, pris en tenaille par l'arrivée de la division Ptah (3). L'infanterie hittite et la division Seth ne prennent même pas part à la bataille (4).

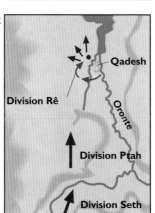

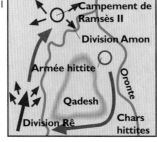

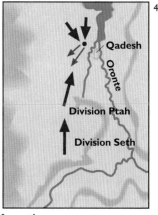

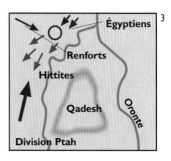

Tactiques et formations
Qadesh est la première bataille de l'histoire dont on connaisse les tactiques et les formations.

et d'esprit de décision dans les déplacements.

Abou-Simbel

Les opérations militaires menées en Syrie ne détournent pas l'attention des pharaons des terres du Sud, en particulier de la Nubie qui, sous le Moyen Empire, était passée sous le contrôle direct de l'Égypte. Cette région, qui sert de tampon le long de la frontière méridionale, est riche en or, en minéraux et en bois ; elle fournit d'excellents combattants à l'armée égyptienne et fait le lien avec les terres exotiques africaines, d'où proviennent de l'ivoire, des animaux, des peaux…

Abou-Simbel, dans la région d'Assouan, est la porte de la Basse-Nubie. La ville, construite au pied de l'une des peu nombreuses zones rocheuses de l'Égypte, joue un rôle stratégique important. Depuis les temps des pyramides, elle contrôle toutes les carrières et tous les chantiers des graveurs et tailleurs de pierre chargés de dégrossir les énormes blocs avant qu'ils ne descendent le Nil. Son port est demeuré actif durant tout le Moyen Empire, accueillant les armées qui partaient pour la conquête du Sud et assurant leur ravitaillement.

Sous le Nouvel Empire, les carrières et le port demeurent en activité quand Ramsès II décide d'ouvrir d'immenses chantiers pour construire les grands temples rupestres dédiés à sa gloire.

Comme cela s'était produit par le passé, l'art redevient, à Abou-Simbel, un instrument politique : il doit traduire la puissance illimitée de Pharaon, ce que le scribe lettré aussi bien que le paysan doivent comprendre au premier regard.

Les quatre statues colossales représentent trois divinités essentielles d'Égypte (Ptah de Memphis, Amon de Thèbes et Rê d'Héliopolis), auxquels s'est ajouté lui-même Ramsès II (le troisième à gauche), déifié de son vivant par sa propre volonté.

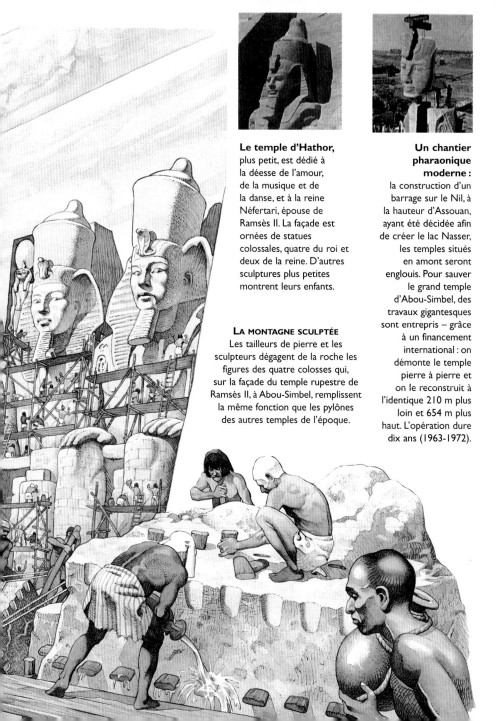

Le temple d'Hathor, plus petit, est dédié à la déesse de l'amour, de la musique et de la danse, et à la reine Néfertari, épouse de Ramsès II. La façade est ornées de statues colossales, quatre du roi et deux de la reine. D'autres sculptures plus petites montrent leurs enfants.

LA MONTAGNE SCULPTÉE

Les tailleurs de pierre et les sculpteurs dégagent de la roche les figures des quatre colosses qui, sur la façade du temple rupestre de Ramsès II, à Abou-Simbel, remplissent la même fonction que les pylônes des autres temples de l'époque.

Un chantier pharaonique moderne : la construction d'un barrage sur le Nil, à la hauteur d'Assouan, ayant été décidée afin de créer le lac Nasser, les temples situés en amont seront engloutis. Pour sauver le grand temple d'Abou-Simbel, des travaux gigantesques sont entrepris – grâce à un financement international : on démonte le temple pierre à pierre et on le reconstruit à l'identique 210 m plus loin et 654 m plus haut. L'opération dure dix ans (1963-1972).

LA DÉCADENCE DE L'ÉGYPTE

Avec l'âge du fer, introduit en Égypte lors de la guerre contre les Hittites, la puissance égyptienne se morcelle et le pays passe sous l'autorité de peuples étrangers. Les nouveaux maîtres prolongent la tradition des pharaons.

Sous les successeurs de Ramsès III, les possessions d'Asie sont perdues, la misère et le désordre bouleversent le pays et l'autorité royale s'affaiblit, au point que le grand prêtre de Thèbes usurpe le pouvoir du pharaon. Ce sont la Troisième Période intermédiaire et la Basse-Époque (1085-322), durant lesquelles le pays est gouverné par des dynasties d'origine étrangère, libyenne et nubienne. En 671 av. J.-C., l'Égypte est envahie et conquise par les Assyriens qui, à la chute des Hittites, se sont affirmés dans tout le Proche-Orient.

L'indépendance est recouvrée une dernière fois, mais elle ne dure guère plus d'un siècle (672-525), à partir de la XXVIᵉ dynastie fondée par Psammétique Iᵉʳ, qui établit la capitale à Saïs, dans le Delta. Des relations commerciales

Les grands empires de l'Antiquité s'ouvrant sur la Méditerranée

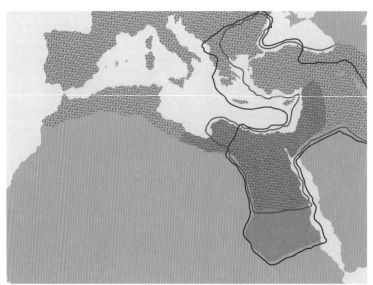

Thrace, Grèce et expansion maximale de l'empire d'Alexandre le Grand

Expansion maximale de l'Empire perse

Domination égyptienne

Expansion maximale de l'Empire romain

**Alexandre
le Grand,**
le plus grand
conquérant
de l'Antiquité,
arrache l'Égypte
et tout l'Empire
perse au Grand
Roi Darius.

Les rites funéraires
égyptiens restent
immuables à l'époque
romaine. À gauche,
un carton de momie,
le récipient cimenté
et décoré qui recouvre
le corps du défunt.

Les anciens dieux
résistent aux
dominations
étrangères. Sur
cette stèle de
l'époque de Saïs,
Osiris accueille
un défunt au
royaume des morts.

intenses s'instaurent avec les Grecs, et le pays retrouve son bien-être. Mais à la prospérité reconquise ne correspond pas une égale force militaire. En 525 av. J.-C., l'Égypte est une proie facile pour les Perses, qui en font une province de leur empire. En 332 av. J.-C., le Macédonien Alexandre le Grand, maître de la Grèce lancé à la poursuite des Perses de Darius, conquiert au passage l'Égypte et se fait couronner pharaon.

L'époque hellénistique

Alexandre a fondé au moins huit villes portant son nom, dont la magnifique Alexandrie d'Égypte, située à l'extrémité orientale du Delta. Après la mort du conquérant, son immense empire ne lui survit pas ; il est partagé entre ses généraux et, en 304 av. J.-C., l'Égypte passe à Ptolémée, fondateur de la dynastie des Lagides, ses successeurs masculins prenant tous le même nom que lui. Sous les Ptolémées, donc, Alexandrie – que domine le Phare haut de 120 m et réputé être la septième merveille du monde – devient le plus grand centre culturel et commercial de la fin de l'Antiquité, véritable héritière de la culture classique grecque. Ptolémée II règne de 282 à 246 av. J.-C. et fonde le Musée (lieu des Muses), semblable à une université des Temps modernes, doté d'une énorme bibliothèque couvrant tous les domaines de la science.

Par son rayonnement culturel et artistique, la ville d'Alexandrie a donné à une période de plus de trois siècles (du IIIe av. J.-C. au Ier apr. J.-C.) l'appellation de civilisation alexandrine ou hellénistique (d'Hellas, ou Grèce).

Les Lagides assurent la prospérité de l'Égypte jusqu'à 47 av. J.-C., quand Jules César en fait un protectorat romain et place sur le trône Cléopâtre, sœur du

Ptolémée II, dit Philadelphe, et son épouse Arsinoé, gravés sur un camée.

Le Nil est ainsi représenté par l'art hellénistique : un grand vieillard tenant en main un épi de blé et entouré de nombreux enfants.

**LA BIBLIOTHÈQUE
D'ALEXANDRIE**
a attiré les plus grands savants
de l'époque, venus de tout le
pourtour de la Méditerranée pour
consulter ses 700 000 rouleaux.

Le grand voyage
Les monuments
islamiques du Caire vus
par un artiste européen
du XIXe siècle, quand
l'Égypte était un but
de voyage de formation
pour les intellectuels.

Le Nil et ses crues,
vus par les Romains.
Mosaïque romaine du
Temple de la Fortune, à
Palestrina (Sicile).

La fuite en Égypte
de la Sainte Famille,
épisode relaté dans les
évangiles et illustré par
Giotto (fresque à Assise).
Bien des faits relatifs
à la christianisation
de l'Égypte nous sont
connus par les évangiles
apocryphes (non
approuvés officiellement
par l'Église).

De nouveaux thèmes
iconographiques
apparaissent à partir
du Iᵉʳ siècle apr. J.-C.,
inspirés d'une tradition
chrétienne encore
récente.
Étoffe du VIIᵉ siècle
illustrée d'un saint
à cheval (peut-être
saint Georges)
entouré d'êtres
fantastiques.

dernier Ptolémée, quatorzième du nom. L'Égypte reste province romaine de − 30 à 395 apr. J.-C. Lorsque Théodose divise l'empire en deux, celui d'Orient et celui d'Occident, le riche pays du Nil entre dans l'orbite de l'Empire byzantin.

L'Égypte chrétienne et islamique

La prédication chrétienne en Égypte commence avec l'apôtre Marc, qui fonde la première église à Alexandrie. Dès lors, la « religion nouvelle » s'affirme avec une grande force, grâce aux exemples de saints comme Antoine, le grand ermite (« celui qui vit seul »), mort en 255. Le monachisme naît alors en Égypte et s'organise en communautés dites *cénobies*. Mais bientôt naissent des conflits de caractère doctrinal entre les chrétiens d'Égypte, dits coptes (du grec *Aiguptos*, Égyptiens), et l'Église officielle, liée à Byzance. La rupture est consommée lors du concile de Nicée, en 325, qui tente de définir une fois pour toutes la nature du Christ : les Byzantins posent comme dogme que le Fils est identique au Père, tandis que les coptes voient en Jésus une créature du Père. La doctrine embrassée par les coptes s'implante solidement dans tout le pays, surtout en Nubie, et n'est pas affaiblie par la diffusion de l'islam en Égypte, avec la conquête arabe de 640.

Avec les Arabes s'ouvre une nouvelle phase historique, celle de l'Égypte moderne. Après une brève période de stagnation, le pays se redresse et joue le rôle de guide du monde arabe. Le Caire, fondé en 969, sur le lieu où autrefois s'élevait Memphis, en devient le phare.

Index

Crédits photographiques

Les illustrations de ce volume ont été réalisées sur indication et par les soins de DoGi S.p.A., qui en détient le copyright.

ILLUSTRATIONS
Abréviations : b, bas – c, centre – d, droite – g, gauche – h, haut.

Bartolozzi : 13, 14-15, 32-33, 68-69, 84-85, Gaudenzi : 15c, 112-113 ; Ranchetti : 7h, 11c, 20h, 21b, 35, 45h, 78b, 94-95b, 111, 114b ; Saraceni : 4-5, 6h, 10h, 44b, 51, 52-53, 60-61, 110h, 115h ; Sergio : 6-7, 8-9, 18-19, 20-21, 22-23, 24-25, 26-27, 28-29, 42, 43, 48-49, 58-59, 72-73, 74-75, 76-77, 78, 79, 80-81, 82-

83, 88-89, 90-91, 92-93, 96-97, 98-99, 100h, 102-103, 104h, 104-105, 106, 107, 108-109, 117 ; Studio Inklink 34b, 54-55.

REPRODUCTIONS ET DOCUMENTS
DoGi a garanti, autant que possible, les éventuels droits des tiers. En cas d'ommissions ou erreurs, elle présente d'ores et déjà ses excuses aux lecteurs et introduira les corrections opportunes dans les éditions ultérieures de cette œuvre.
Alinari/Girodon : 113g ; Archives DoGi : 4, 13h, 47bd, 62h, 66g, 70, 84b, 85h, 110, 116h, 118h, 118b, 119b ; Archives DoGi/Mario Quattrone : 119h ; Archives

DoGi/Sandro Scalia : 30bd ; Ashmolean Museum : 10b ; Agenzia Contrasto : 14, 58-59 ; Agenzia Contrasto/E. Lessing : 100 ; Agenzia Contrasto/Magnum Photo/E. Lessing : 40, 41c, 47c, 53d, 64, 66-67, 67d, 87c, 92, 95b, 101g, 101d, 102 ; British Museum, Londres : 7, 54b ; Musées du Vatican : 116b ; Siliotti : 9, 10h, 11, 12, 13c, 13b 16-17, 30h, 30bg, 31, 34, 36h, 36b, 37, 38-39, 39h, 41b, 42-43, 44, 45, 46, 47b, 50, 53g, 59, 62b, 63, 65, 71h, 71d, 85b, 86, 87d, 90, 95h, 103h, 103b, 105, 109, 115c, 115h.

FRONTISPICE : Sergio